AF545842

Eva Maria Lipp

Richtig gute Sonntagsbraten

Eva Maria Lipp

Richtig gute SONNTAGS BRATEN

Die besten Rezepte zum Selberkochen

Inhalt

Gepökeltes Brüstl — 28

Klassiker
MIT BEILAGENEMPFEHLUNGEN

Schweinebraten mit Netzknödel — 46

Innovative Braten
MIT BEILAGENEMPFEHLUNGEN

Kräuterkalbsbraten in Backpapier — 100

Dinkelreis-Gemüse-Braten — 116

Vegetarische Braten
MIT BEILAGENEMPFEHLUNGEN

Edle Braten
MIT BEILAGENEMPFEHLUNGEN

Verwertung von Bratenresten
MIT BEILAGENEMPFEHLUNGEN

Abkürzungsverzeichnis

EL → *Esslöffel*
g → *Gramm*
kg → *Kilogramm*
l → *Liter*
ml → *Milliliter*
Msp. → *Messerspitze*
TL → *Teelöffel*

Glossar

beizen → *Einlegen in Marinade*
Espuma → *zu Schaum geschlagene flüssige Speise, zubereitet mithilfe eines Sahnesiphons*
faschieren → *Fleisch durch einen Fleischwolf drehen oder mit einem Cutter sehr fein schneiden*
Gösser Stiftsbräu → *dunkles Bier aus der Brauerei Göss in der Steiermark*
Hokkaido → *Kürbisart*
Huchen → *Lachsforelle aus der Donau*
Kipferlknödel → *aus altbackenen Kipferln (Hörnchen) gefertigte Klöße*
Knödel → *Klöße*
montieren → *aufschlagen von bspw. Saucen mithilfe eines Schneebesens und kalter Butter oder geschlagener Sahne*
Murtaler Steirerkäse → *Kochkäse mit Kümmel*
Nockerl → *Klößchen*
Österkron → *Grünschimmelkäse*
Palatschinke → *Pfannkuchen*
Pienna di Napoli → *Kürbisart*
Rindssuppe → *Rinderbrühe*
Ripperl → *Rippchen (vom Schwein)*
scharf anbraten → *für kurze Zeit bei sehr hoher Temperatur braten, bis das Fleisch auf allen Seiten eine gleichmäßige Kruste hat*
Schilcher → *Weststeirischer Wein der Rebe „Blauer Wildbacher"*
spicken → *vor dem Braten mit Spicknadeln dünne Speckstreifen in die Oberfläche des Fleisches einstechen*
Surkarree → *Sauerbraten aus dem Rücken vom Schwein*
Topinambur → *Wurzelgemüse aus der Familie der Korbblütler*
überkühlen → *abkühlen lassen*

Vorwort

Himmlisch saftig und wunderbar zart

Bratenvariationen für die besonderen Tage im Jahr

Braten stammen aus der Küche der Habsburgerländer und haben in allen deutschsprachigen Ländern eine große Tradition – ganz gleich, ob es sich dabei um den österreichischen Lieblingsbraten, den Schweinebraten, handelt, um Rinderbraten mit Saft, unterschiedlichste Wildbraten oder auch Jahreszeitenbraten wie Lamm. Was die Braten insbesondere auszeichnet, ist ihre lange Kochzeit. Braten können nicht rasch zubereitet werden, sie brauchen einfach Zeit, die man ihnen geben muss. Diese Zeit soll man sich dann auch beim Essen nehmen, um das köstliche Gericht mit all seinen schmackhaften Beigaben genießen zu können.

Braten sind keine alltägliche Hauptspeise. Zeit zum Kochen und Genießen hat man an Sonntagen und Festtagen. Auch meine persönlichen „Bratenerinnerungen" sind in dieser Art geprägt. Der sonntägliche Schweinebraten aus dem Holzherd an unserem Bauernhof war immer besonders gut und hat einen großen Tisch voller Menschen gesättigt. Als Spezialität dazu wurden gebratene Apfelspalten mit Nelken aus dem Holzofen gereicht. Diese Art von Kompott, das früher übrigens zu den Salaten zählte, gab es nur an Feiertagen, was wiederum die Besonderheit des Bratengerichtes hervorhebt. Auch an großen Festtagen wie Hochzeiten oder runden Geburtstagen wurden seit jeher immer beste Braten serviert.

Die Bratentraditionen sind rund um die Verfügbarkeit der Fleischart geprägt, ebenso von den klimatischen Bedingungen und den regional wachsenden Futtermitteln, die direkt mit der Form der Tierhaltung zu tun haben. Wo die Jagd großgeschrieben wird, kommt Wild viel öfter auf den Tisch als in Gegenden, wo sich Schafe und Ziegen tummeln.

Ich liebe Braten in ihrer Vielfalt. Dieses Buch zu schreiben war mir ein besonderes Anliegen, weil wir in Österreich, Deutschland und der Schweiz gute Tierhaltung wertschätzen und uns so sehr hochwertiges Fleisch zur Verfügung steht. Entscheidend neben der persönlichen Einstellung ist auch die besondere Qualität der Zutaten, die man genießen möchte. Die Fleischqualität wird mit verschiedenen Zertifizierungen gewährleistet. Aber: Essen ist immer Vertrauenssache! Darum vertrauen wir am besten unseren regionalen Lebensmittelproduzenten.

Einen guten Braten zu genießen, ist Teil unserer österreichischen Esskultur und diese gilt es wie vieles andere aus unseren überlieferten Traditionen hochzuhalten. Dabei kann die Bratenvielfalt aber ruhig erweitert werden. Es muss nicht immer Fleisch sein: In diesem Buch finden sich auch Rezepte für vegetarische Braten, die den tierischen Varianten an Geschmack um nichts nachstehen. Es ist mir außerdem sehr wichtig, keine wertvollen Zutaten und Gerichte zu verschwenden. Aus diesem Grund widme ich eines der Kapitel der Zubereitung von Speisen aus Bratenresten. Zu jedem Rezept finden Sie meine persönlichen Beilagenempfehlungen, die jedes Gericht zu einem wahren Hochgenuss machen.

Ich wünsche Ihnen viel Freude mit den Rezepten, gutes Gelingen – und vor allem viel Zeit beim Braten und Genießen!

Ihre

Eva Maria Lipp

Einleitung

Für die Zubereitung von saftigen, schmackhaften Braten ist es hilfreich, sich im Vorhinein gut mit den Zutaten und Methoden vertraut zu machen. Hierzu möchte ich jene Themen genauer ausführen, zu denen sich aus meiner langjährigen Erfahrung immer wieder Fragen ergeben.

Braten ist ein trockenes Garen bei hoher Temperatur und erfolgt üblicherweise im Ofen bzw. Backofen. An der Oberfläche des Gargutes entstehen beim Fleisch Verbindungen aus Eiweißen, Fetten und Zuckern, welche den typischen Geschmack erzeugen. Dies wird auch Maillard-Reaktion genannt.

Mit Braten ist aber nicht nur das trockene Garen bei hoher Temperatur gemeint, sondern im weiteren Sinne auch das Grillen, Sautieren oder Schmoren. All diese Zubereitungsmethoden lassen eine Vielfalt an Geschmäckern und Gerichten zu.

Bratenstücke bzw. Fleischteile für die Zubereitung guter Braten

Zum Braten eignen sich sehr viele Fleischstücke der verschiedenen Tierarten, von Filetstücken bester Qualität bis hin zu Schulterstücken. Je nach Fleischteil ergeben sich so unterschiedliche Möglichkeiten der Zubereitung mit jeweils eigenen Gar- und Kerntemperaturen sowie eigener Bratdauer.

Zu wissen, welche Fleischstücke für welche Zubereitungsarten verwendet werden können, gehört zu den Grundlagen der Bratenkunst. Dabei ist es schwierig, eine eindeutige Auflistung der Bezeichnungen anzuführen. Nicht nur unterscheiden sowie überschneiden sich gewisse Namen im Hinblick auf die verschiedenen Tierarten. Es gibt auch noch unzählige regionale Unterschiede im deutschsprachigen Raum. Die Benennung einzelner Stücke bzw. ihre Zugehörigkeit zu übergeordneten Fleischteilen hängt außerdem davon ab, nach welcher Art der Fleischhauer das Fleisch teilt. Ganz allgemein gelten jedenfalls für Schwein, Rind, Lamm und Wild die groben Unterteilungen der Fleischstücke in Hals, Schulter, Bauch, Rücken und Keule. Hier gibt es nun eine Aufzählung und Erklärung der Fleischstücke, die in den Rezepten vorkommen:

- **Bauch** bezeichnet beim Schwein das, was beim Rind der **Brustkern** ist. Diese Fleischteile bleiben durch ihren Fettansatz richtig saftig, wobei durch die Zubereitung nicht viel Fett im Fleisch übrigbleibt. Vom Bratensaft das an der Oberfläche schwimmende Fett abgießen und übrigen Natursaft sehr gut abschmecken und mit dem Fleisch servieren.

- **Beiried** vom Rind ist dem **Karree** vom Schwein gleichzusetzen. Bei Wildfleisch ist die Bezeichnung **Kotelett** geläufig. Diese Fleischteile gehören zu den mittleren Stücken des Rückens. Die Fleischteile sind sehr hochwertig und grundsätzlich – mit Ausnahme des äußeren Fettrands – sehr fettarm. Mit der richtigen Zubereitung können sie sehr saftige Braten ergeben. Es gilt jedoch zu beachten, dass die gute Fleischqualität nicht durch zu viel Hitze und Zeit totgebraten werden darf. Neue Garmethoden am Grill bei niedrigen Temperaturen und langer Bratzeit bilden hierbei eine genussvolle Ausnahme.

- **Brüstl** bezeichnet den **Bauch** beim Schwein und den **Brustkern** beim Rind. Diese Fleischteile eignen sich sehr gut zum Braten und Grillen und sind besonders saftig.

- **Brustspitz** findet sich unter dieser Bezeichnung sowohl beim Schwein als auch beim Rind. Es ist jeweils ein Teil des Rippenendes nach der Schulter bzw. des vorderen Viertels. Dieses saftige Stück kann mit oder ohne Knochen gebraten werden und wird wegen seiner Größe und Qualität auch sehr gerne gefüllt zubereitet. Ein günstiger und köstlicher Braten.

- **Filet** ist das edelste Stück von Schwein, Rind, Lamm und Wild. Es ist sehr mager und dadurch besonders zart und saftig. Dabei handelt es sich um ein längliches Fleischteil direkt unter dem Rücken. Andere Bezeichnungen sind **Lungenbraten** oder **Lendenbraten,** beim Schwein ist auch gelegentlich vom **Fischerl** die Rede. Filets eignen sich durch ihre hohe Qualität insbesondere zum Kurzbraten – Fleischliebhabern kommen sie zumeist als Steaks auf den Teller. Was das Braten betrifft, gilt also wie für Beiried bzw. Karree: Kurzbraten oder Niedrigtemperaturgaren.

- **Hals** ist beim Schwein die Verlängerung des Schopfbratens und beim Rind die Verlängerung des Rostbratens. Diese Fleischteile sind von sehr guter Qualität und eignen sich perfekt zum Braten oder auch Schmoren. Durch die etwas fettreichere Maserung sind die Bratergebnisse wunderbar saftig und geschmackvoll.

Schweinebraten mit Paprika — 44

Gebratener, gefüllter Brustspitz — 34

Schweinefilet mit Champignons im Brotteig — 80

Saftiger Whiskybraten — 152

Schopfbraten aus dem Lehmbackofen — 23

Knusprige Schweinestelze — 40

- **Hüferl** grenzt beim Rind an das Beiried an, ist mager, saftig und leicht marmoriert. Je nach Zerlegung gehört es zum Rücken oder zur Keule. Daraus werden sehr schöne Rindsrouladen geschnitten. Beim Schwein ist dies die **Hüfte** bzw. der Schlussbraten und kann sowohl als Braten als auch für ein gedünstetes Gericht sehr gut verwendet werden.

- **Keule** wird auch als **Schlögel** bzw. **Schlegel** bezeichnet und befindet sich am hinteren Bein. Dazu gehören Schale und Nuss. Es zeichnet sich durch eine hohe Fleischqualität aus und wird insbesondere für Schnitzel oder Rouladen verwendet. Durch den geringen Fettanteil sind diese Stücke auch zum Braten sehr beliebt.

- **Nuss** oder **Kugel** ist ein fettarmes Teilstück der Keule. Die Schweinsnuss wird beispielsweise gerne als Schnitzelfleisch verwendet. Auch zum Braten eignet sich die Nuss sehr gut.

- **Rostbraten** nennt sich beim Rind die Verlängerung des Beiriedstückes Richtung Hals, also die **Hochrippe.** Beim Schwein bezeichnet man dieses Teil zumeist als **Schweinekamm,** in Österreich insbesondere als **Schopf.** Die marmorierten Fleischteile sind sehr saftig und eignen sich zum Braten und Dünsten. Schopfscheiben sind auch zum Grillen sehr beliebt bzw. für Pulled Pork.

- **Rücken** ist ein Überbegriff für die Fleischteile zwischen Schulter und Keule. Dazu gehören die edlen Fleischteile wie Koteletts, Karree, Beiried und Filet uvm. Stücke aus dem Rücken eignen sich sehr gut für saftige Braten.

- **Scherzel** ist eine österreichische Bezeichnung für bestimmte Stücke des hinteren Viertels beim Rind. Der hinterste Teil wird weißes Scherzel genannt und das schwarze Scherzel sitzt unter dem Schwanzstück. Scherzel können gut für Braten oder auch als Kochfleisch (anstelle vom Tafelspitz) verwendet werden.

- **Schulter** bezeichnet das Vorderbein bei Schwein, Rind, Lamm und Wild. Es eignet sich sehr gut zum Braten und Dünsten.

- **Stelze** oder **Eisbein** nennt man den Fußteil beim Schwein. Beim Rind wird dieser als **Wade** bezeichnet. Schweinestelzen werden sehr gerne gebraten und die Wade vom Rind ist als bestes Gulaschfleisch bekannt.

Garen bei Niedrigtemperaturen

Diese sanfte Garmethode hat sich in den letzten Jahren nicht nur in der Gastronomie, sondern auch im Haushalt durchgesetzt. Dafür werden hauptsächlich die Edelteile wie Filet, Roastbeef, Beiried, Lammkeule, aber auch Bratenstücke vom Schlögel bzw. hinteren Rinderviertel verwendet. Hirschkeule kann ebenso gut wie ein zarter Rehrücken auf diese Art zubereitet werden.

Grundsätzlich gilt aber, dass alle Fleischteile, die zum Braten geeignet sind, auch für Niedrigtemperaturen geeignet sind. Einzig beim Geflügel ist Vorsicht hinsichtlich der Kerntemperatur gegeben; es wird eher auf konventionelle Art zubereitet. Entscheidend ist, dass das Gargut vor dem Garen im Ofen auf allen Seiten gut angebraten wird, damit es auch gut saftig bleibt. Fleischstücke, die mit dieser Methode zubereitet werden, sollen gut 30 Minuten vor Beginn der Zubereitung aus dem Kühlschrank genommen und bei Zimmertemperatur temperiert werden. Dies verkürzt jedenfalls die Garzeit.

Die Kerntemperatur ist nachstehender Tabelle (siehe Seite 15) zu entnehmen. Gegart wird im Backofen bei 80 °C bis max. 120 °C Ober- und Unterhitze, die Zeit richtet sich nach der Größe des Gargutes. Niedrigtemperaturgaren ist eine sehr dankbare Zubereitungsmethode, weil dabei nicht präzise auf den Punkt gegart werden muss. Die Zeitspanne, in der das Fleisch optimal zart ist und sich nicht mehr verändert, ist somit um einiges länger. Eine beliebte Methode für stressfreies Garen und für ein hervorragendes Essen.

Klassisches Braten und Schmoren

Dafür werden qualitativ hochwertige Fleischteile verwendet: beim Schwein Karree oder Schopf, beim Rind Beiried, Rostbraten oder Stücke aus der Hüfte wie Scherzel, bei Wild und Schaf bzw. Ziege sind die Schlögel und Rückenteile prädestiniert, wobei diese auch niedrigtemperaturgegart werden können.

Die Gartemperatur liegt bei diesen Bratenstücken bei 150 °C bis 160 °C und die Dauer richtet sich nach der Größe des Gargutes. Als Garzeit kann ca. 1 Stunde pro Kilogramm Braten angenommen werden. Die Kerntemperatur ist aus der Tabelle (siehe Seite 15) zu entnehmen. Braten während der Garzeit immer wieder mit Bratensaft übergießen, damit dieser saftig bleibt und eine schöne Kruste bekommt.

Zum Schmoren – Braten mit Saft – eignen sich die Fleischstücke von Schulter, Hals und auch die Stelzen wie beim Schwein. Diese Bratenstücke brauchen eine etwas längere Zeit zum Garen und werden durch das Garen im Saft gut saftig. Die Gartemperatur liegt bei diesen Bratenstücken bei 150 °C und die Dauer richtet sich nach der Größe des Gargutes. Als Garzeit kann ca. 80 Minuten pro kg Braten angenommen werden. Die Kerntemperatur ist aus der Tabelle (siehe Seite 15) zu entnehmen.

Gefüllte Braten

Dafür werden eher Fleischteile minderer Fleischqualität hinsichtlich Beschaffenheit und Faserung wie Bauch, Hals, Brustspitz, aber auch je nach Art des Bratens ein Fleischstück höchster Qualität verwendet. Durch das Füllen werden diese Fleischstücke in Form eines saftigen und schmackhaften Bratens hochveredelt zu Tisch gebracht. Gefüllte Braten sind immer eine Besonderheit und haben insgesamt einen geringeren Fleischanteil.

Als Füllen eignen sich sehr gut:

Saftiger Schweinebauch mit Kürbiskernfülle — 86

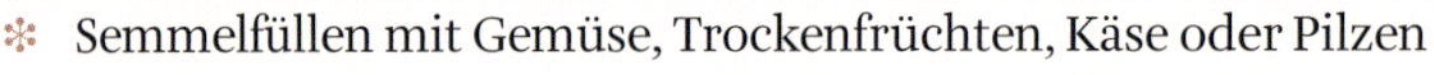

- Semmelfüllen mit Gemüse, Trockenfrüchten, Käse oder Pilzen

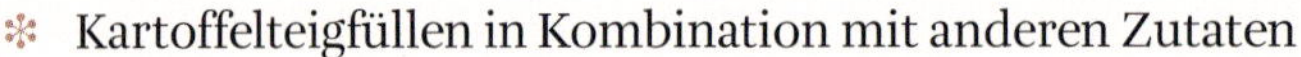

- Kartoffelteigfüllen in Kombination mit anderen Zutaten

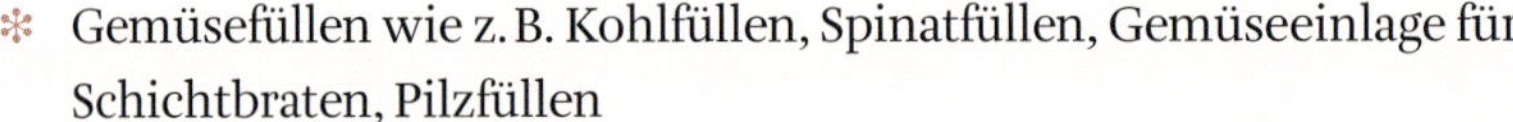

- Gemüsefüllen wie z. B. Kohlfüllen, Spinatfüllen, Gemüseeinlage für Schichtbraten, Pilzfüllen

Die Gartemperatur liegt bei diesen Bratenstücken bei 150–160 °C und die Dauer richtet sich nach der Größe des Gargutes. Als Garzeit kann ca. 80 Minuten pro kg Braten angenommen werden.

Geflügelbraten

Geflügel ist beim Braten insofern eine Ausnahme, als man bei der Zubereitung jedenfalls auf eine entsprechende Kerntemperatur von 80–85 °C achten muss. Diese Temperatur sollte auch einige Minuten halten, um bezüglich Salmonellengefahr sicherzugehen.

Kerntemperaturen

Die Kerntemperatur gibt Auskunft über den Garzustand des Bratens und sollte eine Hilfestellung dafür sein, dass der Braten im optimalen Garzustand serviert wird. Sie wird mittels Thermometer festgestellt.

Ein Bratenthermometer ist für die Zubereitung saftiger Braten ein MUSS in der Küche, wobei es auch für andere Speisen und Gebäcke sehr gut verwendet werden kann.

Ein digitales Stechthermometer eignet sich hervorragend, um die Kerntemperatur des Bratens festzustellen.

Besonders effektiv sind digitale Stechthermometer, welche sehr rasch die Temperatur anzeigen. Diese sind heute oft sehr preisgünstig zu erwerben, und damit hat man die Braten hinsichtlich Kerntemperatur wirklich im Griff. Zu trockene Braten sind somit endgültig Geschichte.

Viele moderne Backöfen im Haushalt verfügen über einen Thermostat, der das Gargut laufend misst und die gewünschte Kerntemperatur schlussendlich mittels Signal meldet.

Bei der Auswahl bzw. beim Kauf der Thermometer ist die persönliche Vorliebe und Funktionalität Entscheidungskriterium.

Schweine-, Kalbs- und Rinderbraten durchgebraten	72–75°C
Schweine-, Kalbs- und Rinderbraten rosa gebraten	68–70°C
Schwein Niedrigtemperatur	65°C
Rind, Kalb, Lamm Niedrigtemperatur	50–60°C
Huhn, Gans, Pute – durchgebraten	80–85°C
Wild – durchgebraten	75–max. 80°C
Wild – rosa gebraten	55–60°C
Wild Niedrigtemperatur	60°C
Fisch Niedrigtemperatur	52–55°C

So groß ist das Bratenstück

Um einerseits eine ausreichende Menge für einen guten Braten vorzubereiten und andererseits nicht immer Reste zu haben, sollte nachfolgende Mengenaufstellung hilfreich sein:

Fleisch ohne Knochen (z.B. Roastbeef, Schopfbraten)	150–200 g
Fleisch mit Knochen	250–300 g
Fleisch für gefüllte Braten	200 g
Schlögl im Ganzen (z.B. Lamm, Reh)	250–300 g
Hähnchen	300 g

(Die Angaben beziehen sich jeweils auf eine Person.)

Die Rezepte in diesem Buch sind jeweils für 4 Personen gerechnet. Dabei können die Mengenangaben mithilfe der oben stehenden Tabelle ganz einfach angepasst werden.

Hilfreiches zur Zubereitung gefüllter Braten

Um alle im Buch präsentierten Braten auch perfekt zubereiten zu können, werden hier zwei wesentliche Arbeitsschritte mittels Bildern genau gezeigt bzw. beschrieben.

Rollbraten – Platten schneiden

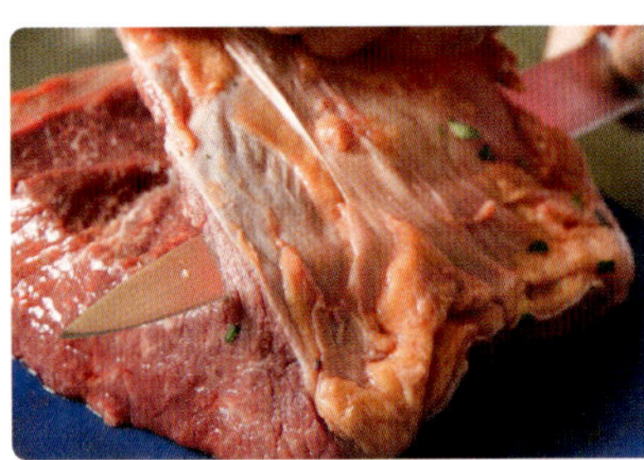

Schritt 1
Sehnen und unerwünschte Fettränder mit einem scharfen Messer sorgfältig ablösen.

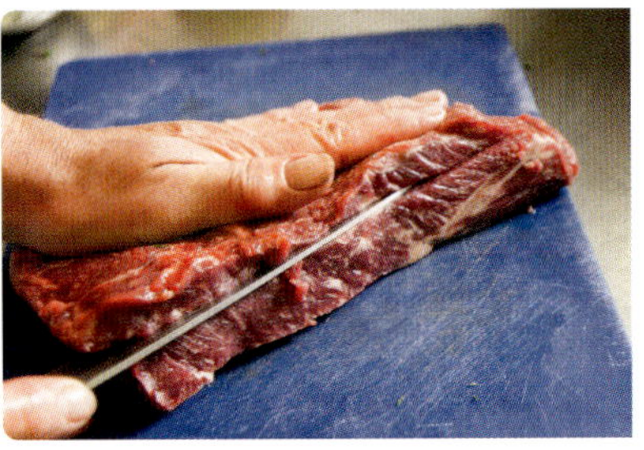

Schritt 2
Mit einem langen scharfen Messer ein Drittel der Fleischhöhe längs zur Fleischfaser bis knapp vor dem Fleischstückende einschneiden.

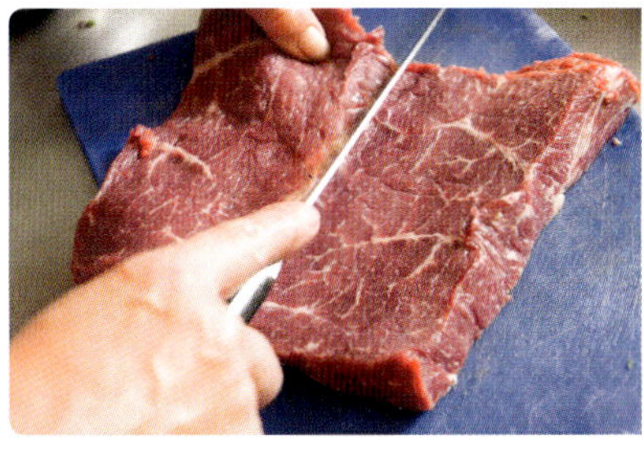

Schritt 3
Die eingeschnittene Fleischplatte zurücklegen und an den Enden noch sorgfältig weiterschneiden – aber nicht durchtrennen! – bis sich diese erste Platte flach hinlegen lässt.

Schritt 4
Fleischstück um 180 Grad drehen und nun von der Fleischmitte ausgehend wieder längs zur Fleischfaser die nächste Platte schneiden.

Schritt 5
Am Ende wieder sorgfältig fertigschneiden, und so kann dann die Fleischplatte als gerades, gleichmäßig dickes Fleischstück aufgelegt werden. Eine gute Vorbereitung erleichtert das Füllen und die weitere Verarbeitung.

Rollbraten fachgerecht binden

Schritt 1
Wenn die Fülle aufgetragen ist, die Fleischplatte längs zur Fleischfaser einrollen. Wird eine größere Menge verwendet, darf diese nicht ganz bis an das Ende verteilt werden, weil sie sonst durch das Einrollen herausgedrückt wird.

Schritt 2
Als Bindfaden wird Küchengarn oder klassisch Spagat verwendet. Zu Beginn wird der Faden um den Braten gelegt und mit einem Knoten befestigt.

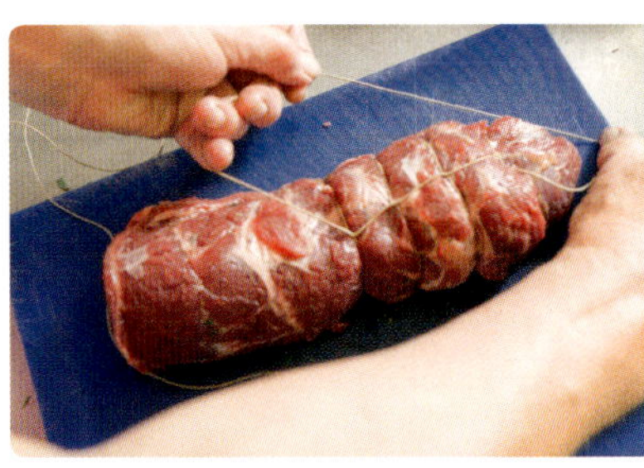

Schritt 3

Den Faden immer wieder in gleichmäßigen Abständen um den eingerollten Braten legen und durch den Faden vorne wieder durchziehen. Dadurch erhält man eine schöne, gleichmäßige und feste Bindung.

Schritt 4

Am Ende den restlichen Faden wieder gut verknoten, damit der Rollbraten von Anfang bis Ende gleichmäßig dick ist und jedes Bratenstück verwendet werden kann.

Gebundene Säfte – Natursäfte

Zu einem guten Braten gehört auch wunderbarer Bratensaft, der aus der Zubereitung heraus entstehen soll. Der Bratvorgang bringt es mit sich, dass sich die Fleischsäfte teilweise aus dem Fleisch lösen und somit die beste Grundlage für eine schmackhafte und würzige Bratensauce bieten.

Saucen aus dem eigenen Saft sind einzigartig und schmecken ausgezeichnet zum hergestellten Braten, weil Saft und Fleisch während des Garvorganges eine Symbiose bilden und einfach perfekt harmonieren. Darum ist es auch wichtig, dem Braten zum Entstehen eines eigenen Saftes ausreichend Zeit zu geben und nur mit sehr guten Zutaten aufzugießen, wenn diese geschmacklich gewünscht sind oder für eine bestimmte Saftmenge gebraucht werden.

Zum Aufgießen eignen sich immer klare Suppen (siehe Seite 19) oder Brühen, beste Weine, Säfte, Most bis hin zu Spirituosen wie Whisky. Vegetarische Braten werden mit klarer Gemüsesuppe (siehe Seite 19) geschmacklich gut verstärkt. Durch die Zugabe von Gemüse – je nach Rezept – können wunderbare gebundene Bratensäfte kreiert werden, indem der Saft mit dem Gemüse dann noch fein oder teilweise püriert wird. Dabei aber immer bedenken, dass es sich um einen Bratensaft und nicht um ein Bratensaftmus handeln soll. Je nach Art des Bratensaftes können zum Binden auch etwas Schlagsahne oder sehr kalte Butter verwendet werden. Einfach, günstig und glutenfrei können Braten mit einer geriebenen rohen Kartoffel, die mitgebraten wird, gebunden werden.

Tipps zum guten Gelingen von Braten

- Die Würzung bzw. das Salzen der Braten erfolgt vor dem Garen, damit das Gewürz durch die noch offenen Poren in das Gargut einziehen kann. Dies kann sogar schon einen Tag vor der Zubereitung erfolgen. So können insbesondere Aromen von Kräutern gut in die Braten eindringen.

- Vor Beginn der Zubereitung sollte das Fleischstück bereits Zimmertemperatur haben, wodurch sich die Garzeit verkürzen kann, der Temperaturschock nicht zu groß ist und der Saft besser im Braten bleibt.

- Bratenstücke vor dem Garen im Ofen in heißem Schweine- oder Butterschmalz bzw. Pflanzenöl anbraten, um möglichst wenig Fleischsaft zu verlieren.

- Je langsamer die Kerntemperatur erreicht wird, umso saftiger bleibt der Braten – daher dem Braten Zeit geben und Temperatur niedriger halten.

- Krustenliebhaber übergießen den Braten bzw. die Schwarte während des Bratens mehrmals mit dem Bratensaft.

- Fleisch am Knochen zu garen bringt mehr Geschmack. Der Knochen wird erst kurz vor dem Servieren entfernt. Allerdings verlängert sich durch das Beisein des Knochens die Garzeit.

- Braten nach Ende der Garzeit noch gut 15 Minuten im ausgeschalteten Backofen nachziehen lassen, damit er sich vor dem Aufschneiden entspannen kann und der Fleischsaft nicht ausrinnt.

- Zum Aufschneiden der Braten immer ein ausreichend großes und scharfes Messer verwenden, um schöne und gleichmäßige Stücke herunterschneiden zu können.

- Beim Aufschneiden darauf achten, dass das Fleisch immer quer zur Faser geschnitten wird, damit es auch für den Gaumen ein Essgenuss wird.

- Suppe zum Aufgießen: 1 Zwiebel und 400 g Suppengrün (Sellerie, Karotten, Lauch, Petersilie) schälen und grob schneiden, in 1,5 l kaltem Wasser aufkochen. 1/2 TL Salz, einige Pfefferkörner, Lorbeerblätter und Wacholderbeeren dazugeben und 30 Minuten leicht köcheln lassen, zum Schluss abschmecken. Gemüse abseihen, Suppe sofort verwenden oder tiefkühlen. Variante mit Fleisch: 500 g Suppenfleisch mit Knochen (Rind, Huhn oder Wild) waschen, aufkochen, dabei stets den aufsteigenden Schaum abschöpfen, dann würzen. 1 Zwiebel und 250 g Suppengemüse erst 20 Minuten vor Garzeitende dazugeben. Kochzeit: 2 Stunden.

Klassiker

MIT BEILAGENEMPFEHLUNGEN

Schweinebraten mit Paprika

1 kg Schweinekarree
mit Schwarte
etwas Zitronensalz
etwas weißer Pfeffer
1/2 TL Kümmel, gemahlen
20 g Honig
50 g Butter
200 g weiße Zwiebeln
250 g bunte Paprika
etwas klare Suppe (siehe Seite 19)
zum Aufgießen

❊ **Beilagenempfehlung:**
Salzkartoffeln oder ein Kartoffelknödel sind zu diesem bunten Braten eine optimale Beilage.

1 Schweinekarree mit Zitronensalz, Pfeffer, Kümmel und Honig würzen.

2 Butter in der Bratenreine zerlassen und Fleisch mit der Schwarte nach unten einlegen.

3 Bei 150 °C Ober- und Unterhitze 1 Stunde braten, wobei der Braten nach 30 Minuten umgedreht wird. Wenn nötig mit etwas Suppe aufgießen.

4 Die nun oben liegende Schwarte mit einem scharfen Messer gleichmäßig einschneiden.

5 Zwiebeln schälen und achteln, danach wie gewachsen aufblättern. Paprika waschen, vierteln und entkernen.

6 Gemüse rund um den Braten verteilen und mit etwas Suppe aufgießen.

7 Bei 170 °C noch gut 30 Minuten fertig braten, bis die Schwarte knusprig und das Gemüse gar ist.

8 Braten im ausgeschalteten Backofen noch 15 Minuten nachziehen lassen und dann in schöne Scheiben geschnitten anrichten.

9 Das Gemüse und der Bratensaft sind das Bett für das Fleischstück.

❊ **Tipp:** Dieser Braten kann ebenso mit einem Schweineschopf oder auch als Putenbraten zubereitet werden.

Schweinekarree mit Honig-Zimt-Kruste

50 g Honig
2 TL Preiselbeerkonfitüre
1 TL Salz
1 TL Paprikapulver
1 TL Zimt
etwas schwarzer Pfeffer aus der Mühle
2 Knoblauchzehen (gepresst)
50 g Butter
1,2 kg Schweinekarree

❊ **Beilagenempfehlung:**
Ein aromatischer Dinkelreis oder selbstgemachte Nudeln sind für diesen Braten eine ebenso schmackhafte Beilage wie gedämpftes buntes Gemüse.

1 Honig und Preiselbeerkonfitüre mit den Gewürzen und dem Knoblauch gut zu einer Marinade verrühren.

2 Butter in einer der Fleischgröße entsprechenden Bratenreine erhitzen und Fleischstück rundum kurz anbraten.

3 Angebratenes Karree mit der Marinade bestreichen und im Ofen bei 150 °C Heißluft 1 Stunde und 30 Minuten langsam braten, dabei immer wieder mit der Marinade bzw. dem Bratensaft bestreichen oder übergießen.

4 Vor dem Aufschneiden mindestens 15 Minuten zugedeckt stehen lassen, damit sich der Fleischsaft im Braten durch die Entspannung gut verteilt und nicht ausläuft.

❊ **Tipp:** Als Beilage wurden bei diesem Braten Apfelspalten mitgegart; sie sind durch den Natursaft saftig und geschmackvoll. Dazu die Äpfel entkernen, in Spalten schneiden und gemeinsam mit dem Braten in die Reine geben. Genauso können auch Süßkartoffeln verwendet werden.

Gefüllter Bauch mit Pilz-Semmel-Fülle

150 ml Milch
2 Eier
100 g Semmelwürfel
30 g getrocknete Steinpilze
100 g Zwiebeln
20 g Butter
1 säuerlicher Apfel
etwas Salz

1,2 kg Schweinebauch mit Schwarte
2 Knoblauchzehen
etwas Salz
etwas Pfeffer

50 g Schweineschmalz oder
3 EL Pflanzenöl

Beilagenempfehlung: Für die wärmere Jahreszeit runden ein Kohlsalat oder ein herzhafter Blattsalat den gefüllten Bauch bestens ab.

Tipp: Anstelle der Semmelfülle kann auch eine Kartoffelfülle mit Pilzen verwendet werden.

1 Milch und Eier gut verquirlen, in eine Schüssel über die Semmelwürfel gießen und gut durchrühren.

2 Getrocknete Pilze in 250 ml warmem Wasser einweichen. Zwiebeln schälen, fein schneiden und in der heißen Butter goldgelb anschwitzen. Apfel vierteln, entkernen und in kleine Würfel schneiden.

3 Den Schweinebauch längs zu den Fleischfasern in der Mitte durchschneiden, sodass eine Tasche entsteht.

4 Knoblauch schälen, sehr fein schneiden und mit Salz und Pfeffer vermengen. Das Fleisch innen und außen damit einreiben.

5 Für die Fülle die Pilze gut ausdrücken, mit allen anderen Zutaten gut vermengen und würzig abschmecken. Fülle in der Fleischtasche gleichmäßig verteilen und mit Rouladennadeln gut verschließen.

6 Bratenreine auf den Herd stellen und Schweineschmalz darin erhitzen. Gefüllten Schweinebauch rundherum gut anbraten und mit der Schwartenseite nach oben bei 160 °C Ober- und Unterhitze 1 Stunde und 20 Minuten langsam braten. Wenn nötig, mit Einweichwasser der Pilze aufgießen. Nach 30 Minuten die Schwarte mit einem scharfen Messer würfelig einschneiden, damit diese schön knusprig wird.

7 Vor dem Servieren 15 Minuten im ausgeschalteten Backofen entspannen lassen, damit sich der Fleischsaft wieder gut verteilt und bindet. Rouladennadeln herausnehmen und Braten quer zur Faser in Scheiben schneiden. Mit einem Kohlgericht (Süß- oder Sauerkraut) servieren.

Gepökeltes Brüstl

3 Knoblauchzehen
30 g Salz
1 Prise Pökelsalz
(oder 30 g fertiges Pökelsalz)
1/2 TL Kümmel, gemahlen
3 Lorbeerblätter
1,2 kg Schweinsbrüstl

250 ml Suppe zum Aufgießen
(siehe Seite 19)

1 Kohlkopf, ca. 500 g
etwas Salz
etwas Paprikapulver

⁂ **Beilagenempfehlung:**
Es kann mit dem Braten auch anderes Gemüse als Beilage mitgegart werden.

1 Knoblauch schälen und feinblättrig schneiden.

2 Salz mit den Gewürzen gut vermengen und Fleisch damit einreiben.

3 In einen Frischhaltebeutel geben, verschließen und im Kühlschrank 4 Tage gut beizen lassen.

4 Fleisch aus dem Frischhaltebeutel nehmen und in eine feuerfeste Form oder Bratenreine legen und mit Suppe angießen.

5 Im Backofen bei 150 °C Ober- und Unterhitze 2 Stunden langsam braten. Immer wieder mit Suppe oder Bratensaft übergießen. Danach noch 15 Minuten im Backofen nachziehen lassen.

6 Den Kohlkopf achteln und den groben Strunk herausschneiden.

7 Nach einer Stunde Bratzeit werden die Kohlstücke zum Braten gelegt, leicht gesalzen und mit Paprikapulver bestreut sowie mit Suppe oder Bratensaft übergossen.

8 Braten in Scheiben schneiden und mit den Kohlstücken anrichten.

⁂ **Tipp:** Um die Zeit für die Beize zu sparen, kann auch bereits gepökeltes Fleisch gekauft werden.

Rinderbraten mit Steinpilzsauce

30 g getrocknete Steinpilze oder
200 g frische Steinpilze, geputzt
1 kg Rinderbraten
etwas Salz
etwas Pfeffer
50 g Schweineschmalz oder
3 EL Rapsöl
150 g Zwiebeln
250 ml Suppe (siehe Seite 19)
100 ml Schlagsahne

⁜ **Beilagenempfehlung:** Kartoffelknödel und gebratene Apfelscheiben sind ansprechende und schmackhafte Beilagen.

1 Frische Pilze nach dem Reinigen in feine Scheiben schneiden. Werden getrocknete Pilze verwendet, so werden diese in gut 250 ml lauwarmem Wasser eingeweicht.

2 Rinderbratenfleisch im Ganzen mit Salz und Pfeffer würzen.

3 Fett in einer feuerfesten Form oder Bratenreine erhitzen, den gewürzten Braten rundum scharf anbraten und dann auf einen bereitgestellten Teller legen.

4 Zwiebeln schälen und fein schneiden.

5 Mit den vorbereiteten Pilzen in die Bratenform geben und beides darin gut anrösten. Mit Suppe und Einweichwasser der Pilze aufgießen.

6 Braten auf das Pilz-Zwiebel-Gemisch legen und im Backofen bei 150 °C Ober- und Unterhitze 1 Stunde und 30 Minuten langsam braten bzw. dünsten.

7 Braten auf einen Teller legen und noch 15 Minuten im Ofen entspannen lassen.

8 Inzwischen den Bratrückstand mit den Pilzen erhitzen und mit Schlagsahne verfeinern.

9 Saft gut würzig abschmecken und mit gleichmäßig geschnittenen Fleischscheiben anrichten.

⁜ **Tipp:** Fettarme Bratenstücke vor dem Braten mit Speck spicken.

Steirischer Krustenbraten

80 g Semmelwürfel
1 Ei
100 ml Milch
Muskat nach Belieben
Salz nach Belieben
Pfeffer nach Belieben
100 g Kürbiskerne
20 g Brösel
1 kg Schweinebratenfleisch (Brust oder Schopf)
50 g Schweineschmalz oder 3 EL Rapsöl

200 g Zwiebeln
200 g orange oder gelbe Paprika

2 EL Kürbiskernöl

Beilagenempfehlung:
Im Winter passt dazu sehr gut mitgebratener oder gedünsteter grüner und roter Chinakohl oder auch buntes Wurzelgemüse wie Karotten, Pastinaken, Schwarzwurzeln oder Sellerie.

1 Für die Kruste die Semmelwürfel mit Ei und Milch übergießen und mit den Gewürzen gut durchziehen lassen.

2 Die Kürbiskerne fein hacken, mit den Bröseln unter die Krustenmasse rühren und diese gut würzig abschmecken.

3 Braten mit Salz und Pfeffer rundum würzen.

4 Die Semmelmasse für die Kruste auf die Oberfläche gleichmäßig auftragen und mit der nassen Hand glatt streichen.

5 Fett in einer Bratenreine erhitzen und fertig vorbereiteten Braten mit der Kruste nach oben einlegen.

6 Im Backofen bei Ober- und Unterhitze zuerst bei 150 °C 1 Stunde und 30 Minuten langsam braten und dabei immer wieder mit dem entstandenen Bratensaft übergießen.

7 Zwiebeln schälen und in gröbere Ringe schneiden. Paprikaschoten vierteln, entkernen und dann in ca. 2 cm große Stücke schneiden.

8 Gemüse nach der Bratzeit rund um den Braten legen und Backofen auf 160 °C hochschalten. Nach weiteren 30 Minuten sind das Gemüse und der Braten gar. 15 Minuten im ausgeschalteten Backofen nachziehen lassen.

9 Braten in Scheiben schneiden und mit dem Zwiebel-Paprika-Gemüse und dem Saft anrichten. Mit Kürbiskernöl beträufeln und gleich servieren.

Tipp: Anstelle der Semmelmasse kann auch eine Kruste aus Kartoffelteig und Kürbiskernen zubereitet werden.

Gebratener, gefüllter Brustspitz

5 Knoblauchzehen
30 g Estragonsenf
1 TL Kümmel, gemahlen
Steinpilzsalz nach Belieben
weißer Pfeffer aus der Mühle nach Belieben
1 kg Brustspitz (Schwein)

20 g getrocknete Steinpilze
100 ml Wasser
100 g Semmelwürfel
2 Eier
120 ml Milch
80 g Schalotten
20 g Butter
10 g frische Petersilie
100 g Apfel
Steinpilzsalz nach Belieben
weißer Pfeffer aus der Mühle nach Belieben

50 g Butter- oder Schweineschmalz

Beilagenempfehlung:
In Rotwein gedünstete Rotkohlfleckerl sind zu diesem Braten eine optische und geschmackliche Abrundung.

1 Für die Fleischwürze Knoblauch schälen und in feine Blätter schneiden. Senf mit allen anderen Würzzutaten gut verrühren.

2 Für die Fülle die getrockneten Steinpilze mit dem Wasser aufkochen und auskühlen lassen.

3 Die Semmelwürfel mit verquirlten Eiern und Milch verrühren und gut anziehen lassen. Schalotten schälen, fein schneiden und in Butter leicht gelb anschwitzen. Petersilie fein schneiden und Apfel mit der Schale raspeln. Pilze abgießen und ausdrücken. Alle Füllezutaten zu einer saftigen Masse vermengen und kräftig würzen.

4 Beim Brustspitz mit einem scharfen Messer der Form entsprechend eine möglichst tiefe Tasche ins Fleisch einschneiden. Fleischstück von außen und auch von innen mit der Fleischwürze einreiben.

5 Fülle in die Tasche geben und Fleischenden mit zwei Rouladennadeln zusammenstecken.

6 Butterschmalz in der Bratenreine erhitzen und gefüllten Brustspitz rundum kräftig anbraten.

7 Im vorgeheizten Backofen bei 150 °C Ober- und Unterhitze 1 Stunde und 30 Minuten langsam braten und immer wieder mit dem entstandenen Bratensaft übergießen. Dann die Hitze auf 180 °C erhöhen und 20 Minuten fertig braten, bis die Kruste schön braun ist.

8 Braten im ausgeschalteten Backofen noch 15 Minuten nachziehen lassen. Dann aufschneiden, mit Bratensaft anrichten und servieren.

Tipp: Bei der Fülle die Pilze weglassen und einen Apfel mehr verwenden, dazu mit Apfelmost aufgießen – und schon ist ein neuer wunderbarer Braten entstanden.

Gefüllter Hackbraten im Netz

100 g Karotten
1 l klare Gemüse- oder Fleischsuppe zum Aufgießen (siehe Seite 19)
4 Knoblauchzehen
3 mittelgroße Zwiebeln
2 EL Rapsöl oder 30 g Schweineschmalz

1 kg frisches Hackfleisch, gemischt
2 Eier
50 g Dinkelvollkornmehl
15–20 g Salz
etwas frisch gemahlener Pfeffer
1 TL Paprikapulver
1 TL Majoran, getrocknet

100 g Zucchini
1 Schweinenetz

Beilagenempfehlung:
Bevorzugt passt ein luftiges Kartoffel- oder anderes gemischtes Gemüsepüree.

Der Hackbraten wird kompakt in das Schweinenetz eingeschlagen.

1. Karotten in der Suppe zum Aufgießen bissfest mitkochen.
2. Knoblauch und Zwiebeln schälen und fein schneiden.
3. Fett in einer Pfanne erhitzen, Zwiebeln darin goldgelb rösten und zum Schluss Knoblauch zufügen.
4. Hackfleisch in einer Schüssel mit den Eiern, Mehl und den Gewürzen gut verkneten.
5. Ausgekühlte Zwiebel-Knoblauch-Mischung gut darunterkneten und Masse würzig abschmecken.
6. Vorgegarte Karotten schälen und mit der Schneidmaschine oder einem Gemüsehobel in dünne Streifen schneiden. Zucchini waschen und ebenso fein schneiden.
7. Schweinenetz auf der Arbeitsfläche oder einem Brett flach auslegen. Hackfleischmasse auf einer Seite in der Größe von 20 mal 30 cm auftragen. Die Gemüsestreifen der Länge nach übereinander auflegen und leicht salzen.
8. Braten mit Hilfe des Schweinenetzes einrollen, gut ins Netz einschlagen und in die Bratenreine legen.
9. Mit etwas klarer Suppe aufgießen und bei 160 °C Ober- und Unterhitze 1 Stunde braten, dabei immer wieder mit Bratensaft bzw. Suppe übergießen. Braten vor dem Anrichten noch 10 Minuten im ausgeschalteten Backofen entspannen lassen.

Tipp: Das Schweinenetz hält den Braten nicht nur gut zusammen, sondern lässt ihn auch sehr saftig werden. Einfach beim Fleischhauer bestellen und die Vorteile nutzen.

Aufgesetzte Henne

150 ml Milch
2 Eier
100 g Semmelwürfel
100 g Zwiebeln
30 g Butter
10 g Petersilie
etwas Salz
etwas weißer Pfeffer
1 Prise Muskat

1 Brathähnchen, ca. 1,2 kg
2 Knoblauchzehen
600 g Kartoffeln, mehligkochend
60 g Butter
etwas Kräutersalz

Beilagenempfehlung:
Abgerundet wird dieses saftige Hähnchengericht mit einem frischen Blattsalat der Saison mit Kürbiskernöl und Apfelessig.

1 Für die Fülle Milch und Eier gut verquirlen, über die Semmelwürfel gießen und gut verrühren.

2 Zwiebeln schälen, fein schneiden und in der heißen Butter gut anschwitzen. Petersilie fein schneiden und mit den Gewürzen und den überkühlten Zwiebeln zur Semmelmasse geben. Alles gut vermengen sowie kräftig würzig abschmecken.

3 Hähnchen mit kaltem Wasser außen und innen kurz abspülen und mit Küchenkrepp trocken tupfen.

4 Knoblauch schälen und fein pressen. Das Hähnchen mit Knoblauch, Salz und Pfeffer gut einreiben.

5 Nun mit der Semmelfülle füllen und diese gut hineindrücken. Mit einer oder zwei Rouladennadeln schließen.

6 Die Kartoffeln schälen und in 5 mm dicke Scheiben schneiden.

7 Butter in einer Bratenreine schmelzen und die mit Kräutersalz gesalzenen Kartoffelscheiben als Bett darin gleichmäßig verteilen.

8 Gefülltes Hähnchen daraufsetzen und im Backofen zuerst 1 Stunde bei 150 °C Ober- und Unterhitze und dann noch 30 Minuten bei 170 °C fertig braten, bis das Hähnchen außen schön knusprig ist.

9 Während der Garzeit immer wieder mit Bratensaft übergießen. Hähnchen noch 10 Minuten im Backofen entspannen lassen, danach fachgerecht aufschneiden und mit den schmackhaften Kartoffeln heiß servieren.

Tipp: Bleibt Semmelfülle übrig, dann kann diese die letzten 20 Minuten einfach als Beilage mitgebraten werden.

Knusprige Schweinestelze

1 hintere Schweinestelze
(1,2–1,5 kg)
4 Lorbeerblätter
6 Pfefferkörner
6 Wacholderbeeren
etwas Salz
150 g Karotten
100 g Sellerieknolle

4 Knoblauchzehen
etwas Salz
etwas Pfeffer aus der Mühle
50 g Schweineschmalz
etwas Suppe (siehe Seite 19)

❊ Beilagenempfehlung:
Im Bratensaft können Gemüsesticks aus Kohlrabi oder Kartoffeln mitgebraten werden. Auch ein kräftiges Kohlgericht mit Kartoffeln harmoniert geschmacklich damit.

1 Gut 2 Liter Wasser in einem hohen Kochtopf zum Kochen bringen. Stelze hineingeben und 3 Minuten kochen lassen.

2 Danach das Wasser mit dem geronnenen Eiweiß (graue Flocken im Wasser) abgießen und mit frischem Wasser auffüllen. Wieder zum Kochen bringen und die Gewürze dazugeben.

3 Karotten und Sellerie schälen, grob schneiden und ebenso zur Stelze geben, damit eine gute Suppe für den Aufguss entstehen kann.

4 Stelze darin 45 Minuten langsam köcheln lassen. Danach herausnehmen und leicht überkühlen lassen.

5 Mit einem scharfen Messer die Schwarte rundum gleichmäßig rautenförmig einschneiden.

6 Knoblauch schälen, fein schneiden und mit Salz und Pfeffer als Würzung vermengen. Stelze damit einreiben und in eine Bratenreine legen.

7 Schweineschmalz dazugeben und mit etwas Suppe aufgießen.

8 Im vorgeheizten Backofen bei 150 °C Ober- und Unterhitze gut 1 Stunde braten, dabei immer wieder nachdrehen und wenn nötig mit Suppe oder Bratensaft übergießen. Dann Temperatur auf 170 °C erhöhen und Stelze fertig braten, bis sich das Fleisch vom Knochen zu lösen beginnt.

9 Stelze am besten im Ganzen zu Tisch bringen und erst dann in Portionen tranchieren.

❊ Tipp: Die Stelze kurz vor Bratzeitende mit etwas Malzbier-Honig-Gemisch bestreichen, was der Kruste einen besonders guten Geschmack verleiht.

Knuspriges Brathähnchen mit Aprikosenglasur

50 g Aprikosenkonfitüre
40 g Tomatenmark
60 ml Suppe (siehe Seite 19)
1 Brathähnchen, ca. 1,2 kg
etwas Knoblauchsalz
etwas weißer Pfeffer
5 Thymianzweige
1 Salbeizweig
50 g Butter
250 ml klare Suppe
(siehe Seite 19)
zum Aufgießen

⁂ **Beilagenempfehlung:**
Mitgebratene bunte Tomaten sind eine gute Sommerbeilage, im Winter können es Kürbisstücke sein. Ein gedünsteter Reis oder Dinkelreis ist die ideale Beilage zur Aufnahme des Saftes.

1 Die Aprikosenkonfitüre mit dem Tomatenmark und der Suppe mit einem Schneebesen gut zu einer Marinade verrühren.

2 Das Hähnchen mit kaltem Wasser innen und außen kurz waschen und mit einem Küchenkrepp trocken tupfen.

3 Innen und außen mit Knoblauchsalz und Pfeffer würzen.

4 Die Kräuterzweige in den Hähnchenbauch geben.

5 Butter in einer Bratenreine zerlassen und Hähnchen hineinlegen.

6 Das Hähnchen mit einem Pinsel gut mit der vorbereiteten Marinade einstreichen.

7 Bei 160 °C Ober- und Unterhitze 1 Stunde und 30 Minuten braten, wobei das Hähnchen immer wieder mit Suppe und Bratensaft übergossen und mehrmals gewendet wird.

8 10 Minuten vor Garzeitende nochmals mit der süßen Marinade bestreichen und fertig braten.

9 Hähnchen noch 10 Minuten im Backofen nachziehen lassen, dann tranchieren und anrichten. Mit dem aromatischen Saft übergießen und mit frischen Kräutern servieren.

⁂ **Tipp:** Eine kürzere Bratzeit kann erreicht werden, wenn das Hähnchen vor dem Braten bereits zerlegt und in Stücken gebraten wird, wobei die Hautseite mit der Marinade nach oben liegt.

Schopfbraten aus dem Lehmbackofen

6 Knoblauchzehen
20 g Kümmel, ganz
1 TL Pfefferkörner
etwas Salz
etwas Pfeffer aus der Mühle
1,5 kg Schweineschopf
125 ml Wasser oder klare Suppe
50 g Schweineschmalz

❊ **Beilagenempfehlung:**
Ganz einfach können in der Bratenreine mit dem Fleisch Kartoffelspalten mit Schale mitgebraten werden.

1. Knoblauch schälen und fein schneiden. Gewürze gut miteinander vermengen.
2. Schweineschopf mit Küchenkrepp trocken tupfen und mit der Gewürzmischung gleichmäßig einreiben.
3. In die Bratenreine legen und 2 Stunden zugedeckt an einem kühlen Ort etwas durchziehen lassen.
4. Zum vorbereiteten Braten das Wasser bzw. die Suppe und das Schweineschmalz zufügen.
5. Wenn das Brot aus dem Lehmbackofen kommt, den Braten in die Mitte des Ofens stellen und mittels der Restwärme (ca. 200 °C Resthitze) 3–4 Stunden langsam bei dieser fallenden Temperatur (Niedrigtemperatur) braten lassen.
6. Fertigen Braten zugedeckt noch 15 Minuten stehen lassen; erst dann in Scheiben schneiden und mit dem eigenen Saft anrichten.
7. Da dieser Braten im Lehmbackofen nach dem Brotbacken gebraten wurde, ist es naheliegend, ihn mit einem Stück herzhaftem Bauernbrot zu servieren.

❊ **Tipp:** Mit der Restwärme eines Lehmofens lassen sich alle „Rohrbraten“ zu sehr zarten Gerichten garen und bleiben darin immer sehr saftig.

Schweinebraten mit Netzknödel

Schweinebraten
50 g Fett
1 kg Schweinebratenfleisch (Schopf, Karree ...)
etwas Salz
etwas Pfeffer
1 TL Kümmel
5 Knoblauchzehen
250 ml Wasser zum Angießen

Netzknödel
4 altbackene Semmeln oder
150 g Semmelwürfel
2 Eier
250 ml Milch
50 g Rosinen
50 g Mehl

1 Schweinenetz

1 EL Petersilie zum Bestreuen

⁂ Beilagenempfehlung:
Dazu passt herzhafter Blattsalat nach Saison immer sehr gut. Ebenso ein Grüne-Bohnen-Salat oder Gurkensalat mit Kernöl und Essig.

1 Fett in der Bratenpfanne zerlassen.

2 Für den Braten das Fleisch mit den Gewürzen und dem blättrig geschnittenen Knoblauch gut einreiben und in die Bratpfanne legen.

3 Mit dem Wasser aufgießen und im Ofen bei 160 °C Ober- und Unterhitze 1 Stunde und 20 Minuten braten. Fleischstück mehrmals wenden.

4 Für die Knödel Semmeln würfelig schneiden und mit Eiern und Milch vermengen. Masse gut durchziehen lassen.

5 Rosinen und Mehl zugeben und Knödelmasse gut durchkneten.

6 Schweinsnetz auslegen und in ca. 20 cm mal 20 cm große Quadrate schneiden.

7 Knödel formen und in Schweinsnetz einschlagen.

8 Die Knödel 20 Minuten vor Bratzeitende zum Schweinebraten in die Pfanne legen und mitbraten.

9 Nach Ende der Garzeit Braten im Backofen noch 15 Minuten durchziehen lassen. Danach in Scheiben schneiden und mit Bratensaft und einem Netzknödel anrichten. Mit fein geschnittener Petersilie bestreuen und servieren.

⁂ Tipp: Bei Braten dieser Art kann auch immer ein größeres Stück gebraten und ausgekühlt als Jause mit Essiggemüse genossen werden.

Karreebraten mit Rübengemüse

1 kg Schweinekarree
ohne Schwarte
etwas Knoblauchsalz
etwas weißer Pfeffer
1/2 TL Kreuzkümmel
50 g Schweineschmalz
250 ml klare Suppe
(siehe Seite 19)
zum Aufgießen
2 Rosmarinzweige

300 g Speiserüben
200 g rote Zwiebeln
150 g Lauch

⁂ **Beilagenempfehlung:**
Zum deftigeren Gemüse harmonieren Knödel aus Schwarz- oder Weißbrot.

1 Das Fleischstück mit Salz, Pfeffer und Kreuzkümmel auf allen Seiten würzen.

2 Schweineschmalz in der Bratenreine erhitzen und Braten rundum auf allen Seiten gut anbraten.

3 Mit der Suppe aufgießen, Rosmarinzweige dazugeben und bei 120 °C Ober- und Unterhitze 1 Stunde und 30 Minuten langsam braten, dabei immer wieder mit Bratensaft begießen.

4 Rüben schälen und achteln. Ebenso die Zwiebeln vorbereiten.

5 Lauch putzen in ca. 3 cm lange Stücke schneiden.

6 Das Gemüse rund um den Braten verteilen und Backofen auf 170 °C aufheizen.

7 Braten mit dem Gemüse nochmals 30 Minuten fertig braten, wobei auch das Gemüse hin und wieder mit Bratensaft oder Suppe übergossen wird.

8 Braten nach Garzeitende noch 15 Minuten im Backofen nachziehen lassen und dann in Scheiben schneiden. Mit dem Rübengemüse und dem Bratensaft hübsch anrichten.

⁂ **Tipp:** Das Gemüse kann mit dem Bratensaft auch püriert werden, um eine sämige Sauce zu erhalten. Dies passt für „Gemüseverweigerer“ oft ganz gut!

Schilcherbraten

Schale von 1/2 Bio-Zitrone
30 g brauner Zucker
etwas Salz
etwas Pfeffer aus der Mühle
1 kg Schopfbraten oder Karree
50 g Schweineschmalz oder
3 EL Rapsöl
3 Lorbeerblätter
250 ml Suppe zum Aufgießen
(siehe Seite 19)
150 g rote Zwiebeln
250 g Kürbis nach Belieben
125 ml Schilcher (oder Roséwein)
4 Lorbeerblätter zum Garnieren

1 Fein geriebene Zitronenschale mit Zucker, Salz und Pfeffer vermengen und den Braten damit würzen.

2 Gewürzten Braten mindestens 2 Stunden gekühlt stehen lassen, damit die Gewürze etwas einziehen können.

3 Fett in der Bratenreine erhitzen und Fleischstück rundum knusprig anbraten. Lorbeerblätter zufügen und mit der Suppe aufgießen.

4 Bei 150 °C Ober- und Unterhitze 1 Stunde langsam braten.

5 Inzwischen Zwiebeln schälen und in Achtel schneiden.

6 Kürbis schälen, entkernen und in Stücke schneiden.

7 Braten mit Schilcher übergießen und Gemüse zufügen.

8 Bei 170 °C noch 30 Minuten fertig braten.

9 Nach Ende der Garzeit den Braten noch 15 Minuten im Backofen nachziehen lassen. Aufschneiden und mit dem Saft und dem Gemüse anrichten. Mit den Lorbeerblättern garniert servieren.

Beilagenempfehlung:
Spätzle aus Dinkelvollkornmehl sind dazu eine geschmacklich sehr gute Ergänzung.

Tipp: Eine weitere Variante wäre, den Kürbis gegen Apfelspalten und den Schilcher gegen Apfelmost zu tauschen.

Putenbraten auf Zwiebel-Apfel-Bett

1/2 TL bunter Pfeffer
1 kg Putenbrust
etwas Zitronensalz
10 g rote Pfefferbeeren
je 1/2 TL Thymian und Rosmarin
50 g Butter
250 ml Suppe zum Aufgießen
(siehe Seite 19)
400 g Zwiebeln
2 Äpfel

❊ Beilagenempfehlung:
Zur farblichen Abrundung ist ein Püree von dunkelvioletten Kartoffeln oder ein feines hellgrünes Kartoffel-Erbsen-Püree zu empfehlen.

1. Den bunten Pfeffer in einer kleinen Pfanne erhitzen, bis er zu duften beginnt. Dann mit einem Mörser grob mörsern.
2. Fleisch mit Salz, gemörsertem und rotem Pfeffer sowie den Kräutern würzen.
3. Butter in einer Bratenreine erhitzen und Braten einlegen.
4. Bei 160 °C Ober- und Unterhitze 1 Stunde und 20 Minuten braten, wobei der Braten immer wieder mit Suppe bzw. Bratensaft übergossen wird.
5. Die Zwiebeln schälen und in Ringe schneiden. Die Äpfel entkernen und in ca. 5 mm dicke Scheiben schneiden.
6. Nach 50 Minuten Bratzeit den Braten herausnehmen und die Zwiebelringe und Apfelscheiben gleichmäßig im Bratensaft verteilen.
7. Braten wieder darauflegen, übergießen und auf diesem Bett fertig braten.
8. Braten nach Ende der Garzeit noch 15 Minuten im Backofen nachziehen lassen.
9. In gleichmäßige Portionsscheiben schneiden und mit dem Apfel-Zwiebel-Gemüse und Bratensaft anrichten.

❊ Tipp: Diesen Braten zur Abwechslung mit Kurkuma und Curry würzen, wozu auch die Äpfel und Zwiebeln gut harmonieren.

Hirschbraten in Rotwein

1 kg Hirschrücken oder Hirschschlögel
etwas Salz
etwas Pfeffer aus der Mühle
50 g Schweineschmalz oder Butterschmalz
250 ml klare Suppe zum Aufgießen (siehe Seite 19)
125 ml Rotwein
1 Rosmarinzweig
80 ml Schlagsahne
2 EL Preiselbeeren

Beilagenempfehlung: Maisgrieß mit Steinpilzen oder ein saftiger Kartoffelknödel sind eine genussvolle und farblich schöne Beilage.

1 Hirschrücken (oder Schlögel) gut abliegen lassen.

2 Das Fleisch mit einem scharfen Messer von allen Sehnen und Häuten befreien. Anschließend mit Salz und Pfeffer würzen.

3 Fett in eine Bratenreine geben und erhitzen.

4 Den Braten darin rundherum anbraten, mit der Suppe aufgießen.

5 Bei ca. 150 °C Ober- und Unterhitze ca. 1 Stunde und 40 Minuten bis 2 Stunden im Ofen braten und dabei immer wieder mit dem Rotwein und Bratensaft übergießen.

6 Den Braten aus der Reine nehmen, auf einen Teller legen und zugedeckt zum Nachziehen in den Backofen stellen.

7 Etwas Saft aus der Reine nehmen, mit Schlagsahne und Preiselbeeren gut vermischen und erhitzen.

8 Mit Salz und Pfeffer fertig abschmecken.

9 Braten aufschneiden und auf dem sämigen, schmackhaften Bratensaft anrichten.

Tipp: Fleisch von Gämse oder Reh eignet sich ebenfalls für die Herstellung dieses Bratens, wobei bei Verwendung von Rehfleisch die Garzeit um 20 Minuten verkürzt werden kann.

Hirschbraten mit Fenchel

1 kg Brustspitz vom Hirsch
etwas Salz
etwas Pfeffer aus der Mühle
50 g Schweineschmalz oder Butterschmalz
3 Lorbeerblätter
3 Gewürznelken
5 Wacholderbeeren
250 ml klare Suppe zum Aufgießen (siehe Seite 19)
125 ml Rotwein
150 g Knollenfenchel
100 g orange Paprika
100 g Karotten

Beilagenempfehlung:
Ein gut gewürzter Kartoffelstrudel kann in der Zwischenzeit zubereitet werden.

1. Das Fleischstück rundum mit Salz und Pfeffer würzen.
2. Fett in der Bratenreine erhitzen und Brustspitz darin auf beiden Seiten kurz anbraten.
3. Gewürze dazugeben und mit der Suppe übergießen.
4. Im Backofen bei 150 °C Ober- und Unterhitze 1 Stunde und 30 Minuten langsam braten, wobei immer wieder mit Bratensaft und Rotwein aufgegossen wird.
5. Den Knollenfenchel in ca. 2 cm große Stücke schneiden. Ebenso die gewaschene, entkernte Paprika vorbereiten. Karotten schälen und in dazu passende Stücke schneiden.
6. Nach 1 Stunde Bratzeit das Bratenstück aus der Reine nehmen und Gemüse darin gleichmäßig gemischt verteilen.
7. Fleisch wieder daraufsetzen und fertigbraten.
8. Nach Ende der Bratzeit den Braten im Backofen noch 15 Minuten nachziehen lassen.
9. Fleisch aufschneiden und mit dem Gemüse und dem Natursaft anrichten.

Tipp: Spannend für diesen Braten wäre auch ein Bett aus Rotkohl mit Äpfeln, welches mitgedünstet wird.

Rinderbraten mit Sellerie

1 kg Rinderbratenfleisch
vom Schlögel
etwas Salz
etwas Pfeffer aus der Mühle
30 g süßer Senf
50 g Schweineschmalz
100 g Frühstücksspeck
200 g Sellerie
200 g Frühlingszwiebeln
2 Zweige Thymian
250 ml Suppe zum Aufgießen
(siehe Seite 19)
30 g kalte Butter

❊ Beilagenempfehlung:
Zu diesem guten Saft und Fleisch sind selbstgemachte Kräuternudeln eine perfekte Ergänzung.

1 Bratenfleisch mit Salz und Pfeffer würzen sowie mit Senf bestreichen.

2 Schweineschmalz in der Bratenreine erhitzen und Fleischstück darin rundum anbraten.

3 Frühstücksspeck feinwürfelig schneiden und zum Braten geben.

4 Sellerie schälen, in kleine Würfel schneiden und ebenso zufügen. Frühlingszwiebeln schälen, würfelig schneiden und in die Bratenreine geben. Thymianzweige zum Braten geben und mit der Suppe aufgießen.

5 Im Backofen bei 160 °C Ober- und Unterhitze 1 Stunde und 20 Minuten braten, wobei der Bratensaft immer wieder zum Übergießen verwendet wird.

6 Braten nach Ende der Garzeit aus der Reine nehmen, auf einen Teller legen und zugedeckt im Backofen 15 Minuten nachziehen lassen.

7 Inzwischen den Bratensaft am Herd erhitzen und gut durchrühren, sodass die Zwiebeln bereits zerfallen und den Saft leicht binden.

8 Saft würzig abschmecken und mit kalter Butter montieren.

9 Braten in schöne Stücke geschnitten auf dem herzhaften Saft anrichten.

❊ Tipp: Anstelle von Rindfleisch ist für dieses Gericht auch ein Wildschweinbraten bestens geeignet.

Glasierter Preiselbeerhirschbraten

80 g Preiselbeerkonfitüre
Schale von 1 Bio-Orange
50 g Estragonsenf
etwas Steinpilzsalz
etwas weißer Pfeffer
40 ml Öl
1 kg Hirschschlögel vom Junghirsch
125 ml Rotwein
2 Äpfel
etwas klare Suppe zum Aufgießen (siehe Seite 19)
50 ml Schlagsahne
40 g Preiselbeerkonfitüre

❊ **Beilagenempfehlung:**
Saftig-knusprige Semmelknödel aus dem Backofen harmonieren bestens mit diesem Braten und können zudem zeitgleich zubereitet werden.

1 Preiselbeerkonfitüre mit der Orangenschale und dem Senf sowie Steinpilzsalz und Pfeffer gut zu einer Marinade verrühren.

2 Öl in der Bratenreine erhitzen und Fleisch einlegen.

3 Mit der vorbereiteten Marinade überziehen und Braten bei 120 °C Ober- und Unterhitze gut 2 Stunden langsam braten.

4 Rotwein nach und nach zugießen und bei Bedarf für den Bratensaft auch noch etwas Suppe verwenden.

5 Die Äpfel quer halbieren und entkernen.

6 40 Minuten vor Garzeitende mit der Schnittfläche nach oben zum Braten geben.

7 Braten aus der Bratenreine nehmen und auf einem Teller zugedeckt noch 15 Minuten im Backofen nachziehen lassen.

8 Bratensaft kurz aufkochen und gut durchrühren.

9 Mit Schlagsahne verfeinern und Braten mit einem mit Preiselbeeren gefüllten halbierten Apfel anrichten.

❊ **Tipp:** Eberesche ist eine ganz natürliche Frucht aus Österreich und kann eingekocht ebenso wie Preiselbeeren verwendet werden.

Innovative Braten

MIT BEILAGENEMPFEHLUNGEN

Halsfächerbraten

1 kg Schweinehals ohne Knochen (Endstück des Schopfbratens)
200 g Zwiebeln
5 Knoblauchzehen
2 EL Senf
etwas Salz
etwas weißer Pfeffer aus der Mühle
1/2 TL Paprikapulver, scharf
Alufolie
etwas Pflanzenöl zum Einfetten der Form

⁜ **Beilagenempfehlung:**
Dieser einfache, gute Braten verspricht eine tolle Kombination mit einem Kartoffelgratin, Weizen-Gemüsereis, Gemüse-Sahne-Maisgrieß oder klassisch mit einem herzhaften Kartoffelsalat.

1 Schweinehals in ca. 1 cm dicke Scheiben schneiden. Darauf achten, dass man nicht ganz durchschneidet, denn die Scheiben sollten zusammen bleiben.

2 Zwiebeln schälen und in dünne Scheiben schneiden.

3 Knoblauch ebenso schälen und in dünne Scheiben schneiden.

4 Die Fleischscheiben dünn mit Senf bestreichen, mit Salz, Pfeffer und Paprikapulver würzen.

5 Zwischen jede Fleischscheibe Zwiebeln und Knoblauch verteilen.

6 Den ganzen Schweinehals in eine eingefettete Bratenreine legen und mit Alufolie zur Gänze abdecken.

7 Im Backofen bei ca. 150–170 °C Ober- und Unterhitze 2 Stunden und 30 Minuten langsam garen.

8 Alufolie abnehmen, Fleischscheiben mit Zwiebeln und Knoblauch anrichten und mit Bratensaft übergießen.

⁜ **Tipp:** Wer möchte, kann den Hals auch mit frischen Paprika oder Pilzen füllen; dann einfach den Senf weglassen.

Schweinerollbraten mit Sauerkraut und Paprika

1/2 TL Pfefferkörner
etwas Salz
4 Knoblauchzehen
1/2 TL Kümmel, gemahlen
1 TL Majoran, trocken
3 Lorbeerblätter, zerkleinert
1,2 kg Schweineschopf oder -bauch
400 g Sauerkraut
je 1 rote und gelbe Paprika
50 g Schweineschmalz oder 3 EL Rapsöl
250 ml klare Suppe zum Aufgießen (siehe Seite 19)

Bindfaden

Beilagenempfehlung: Dieser würzige Braten ruft förmlich nach einer milden Kartoffelbeilage wie einer gedämpften Kartoffelrolle oder Salzkartoffeln.

Tipp: Anstelle von Sauerkraut kann auch anderes fermentiertes Gemüse wie Rüben, Rotkohl & Co. als Fülle Verwendung finden.

1 Die Pfefferkörner in einer kleinen Pfanne rösten, bis sie zu duften beginnen. Danach mit dem Mörser grob mörsern und mit den anderen Gewürzen vermengen.

2 Schweineschopf mit einem scharfen Messer zu einer Fleischplatte aufschneiden (Anleitung siehe Seite 16f).

3 Sauerkraut wenn nötig etwas feiner scheiden.

4 Paprika waschen, entkernen, in ca. 5 mm breite Streifen schneiden und mit dem Sauerkraut vermengen.

5 Fleischplatte auf beiden Seiten mit der vorbereiteten Gewürzmischung würzen.

6 Sauerkrautfülle auf 2/3 der Fleischfläche in Einrollrichtung (aufgeschnitten wird der Braten quer zur Faser) auftragen und Braten einrollen. Gerollten Braten mit einem Bindfaden gleichmäßig zusammenhalten und die Enden festknüpfen (Anleitung siehe Seite 17f).

7 Schmalz oder Öl in der Bratenreine erhitzen und Braten darin rundum anbraten.

8 Im Backofen bei 150 °C Ober- und Unterhitze gut 1 Stunde und 30 Minuten langsam braten und dabei immer wieder mit Bratensaft aufgießen. Mit klarer Suppe nachgießen, falls zu wenig Bratensaft entsteht.

9 Nach Garzeitende den Braten noch 15 Minuten nachziehen lassen. Bindfaden entfernen. Braten in gleichmäßige Stücke schneiden, mit dem schmackhaften Bratensaft anrichten und servieren.

Surkarree mit Kartoffel-Kohl-Haube

3 Knoblauchzehen
30 g Salz
1 Prise Pökelsalz
(oder 30 g fertiges Pökelsalz)
1/2 TL Kümmel
3 Lorbeerblätter, ganz
1 kg Schweinekarree
(oder Surkarree)
50 g Schweineschmalz

400 g Kartoffeln, mehligkochend
30 g Butter
50 g Mehl
30 g Grieß
etwas Salz
1 Prise Muskat
1 Ei

6 große Grünkohlblätter
250 ml Suppe zum Aufgießen
(siehe Seite 19)

1 Knoblauch schälen und feinblättrig schneiden.

2 Salz mit den Gewürzen gut vermengen und Fleisch damit gut einreiben.

3 In einen Frischhaltebeutel geben, verschließen und im Kühlschrank 4 Tage gut beizen lassen.

4 Fleisch aus dem Frischhaltebeutel nehmen und in eine feuerfeste Form oder Bratenreine legen, in der vorher das Schmalz erhitzt wurde.

5 Die gekochten Kartoffeln durch die Kartoffelpresse passieren.

6 Mit Butter, Mehl, Grieß, Salz, Muskat und Ei zu einer gleichmäßigen Masse verkneten. Diese gleichmäßig auf der Oberfläche des Bratenstückes verteilen.

7 Die Kohlblätter in kochendem Salzwasser eine Minute blanchieren. Leicht überkühlt jeweils den Blattstrunk herausschneiden und die Blätter gleichmäßig über die Kartoffelhaube legen.

8 Braten bei 160 °C Ober- und Unterhitze 1 Stunde und 30 Minuten langsam braten. Immer wieder mit Suppe oder später dem entstandenen Bratensaft übergießen, damit die Kohlblätter nicht austrocknen.

9 Nach Ende der Garzeit Braten noch 15 Minuten im Backofen nachziehen lassen. Dann mit einem scharfen Messer sorgsam aufschneiden, damit die Gemüsehaube nicht zerdrückt wird, und mit dem schmackhaften Bratensaft anrichten.

Beilagenempfehlung: Da durch die Kartoffelhaube schon etwas Beilage vorhanden ist, harmoniert dazu am besten buntes, kurzgebratenes Gemüse wie Erbsenschoten, Brokkoli, Romanesco oder auch Blumenkohl.

Tipp: Ein Schweinefilet könnte auch zur Gänze in diese Kartoffelmasse mit Kohl eingewickelt und gebraten werden.

Malzbierbraten

1 TL Pfefferkörner
etwas Salz
1 kg Rinderbratenfleisch
300 g Schalotten
3 EL Pflanzenöl
500 ml Malzbier
125 ml Schlagsahne
10 g Maisstärke
20 g Aprikosenkonfitüre

❊ Beilagenempfehlung: Zu diesem saftigen Braten schmecken Vollkornspätzle wunderbar, da sie auch den Saft für einen doppelten Genuss aufnehmen. Zudem sorgen noch in wenig Honig glasierte Erbsen für eine farbliche Abrundung.

1 Pfefferkörner in einer kleinen Pfanne erhitzen, bis sie zu duften beginnen. Danach in einem Mörser fein zerreiben.

2 Braten mit dem Pfeffer und Salz von allen Seiten würzen.

3 Schalotten schälen und grob schneiden.

4 Öl in der Bratenreine erhitzen und dann gewürztes Fleischstück einlegen. Die Schalotten rundherum verteilen und mit etwas Malzbier aufgießen.

5 Den Braten bei 140 °C Ober- und Unterhitze 2 Stunden langsam braten. Dazwischen immer wieder mit Malzbier bzw. später mit Bratensaft übergießen.

6 Wenn die Garzeit zu Ende ist, das Bratenstück auf einen Teller legen, mit Folie zudecken und im Backofen noch 15 Minuten nachziehen lassen.

7 Schalotten mit Bratensaft fein pürieren.

8 Schlagsahne mit Maisstärke gut verrühren und den Bratensaft damit fein binden, indem der Saft nochmals kurz erhitzt wird. Aprikosenkonfitüre darunterrühren und Bratensaft gut würzig abschmecken.

9 Fleisch quer zur Faser in beliebig dicke Scheiben schneiden und auf dem samtigen Bratensaft anrichten.

❊ Tipp: Das Bratenstück einen Tag vor dem Braten in eine Marinade aus Malzbier, Tomatenmark, Lorbeer, Wacholder und Pfefferkörner einlegen und diese dann als Aufguss verwenden. Der Geschmack wird dadurch noch vielfältiger und runder.

Geschichteter Hackbraten im Speckmantel

100 g Zwiebeln
30 g Butterschmalz
2 Knoblauchzehen
1 kg Hackfleisch, gemischt
etwas Salz
etwas Pfeffer aus der Mühle
1 EL Senf
1 EL Tomatenmark
2 Eier
2 rote Spitzpaprika
1 kleine Stange Lauch
50 g Butterschmalz
100 g Frühstücksspeck zum Belegen
250 ml klare Suppe zum Aufgießen (siehe Seite 19)

❊ **Beilagenempfehlung:**
Hackbraten ruft nach Püree als Beilage. Darum ein kräftiges Kürbispüree mit Schlagsahne und einer Spur Ingwer servieren.

❊ **Tipp:** Der Braten kann anstelle des Specks ebenso mit einer knusprigen Chipskruste aus Kartoffeln oder Sellerie zubereitet werden, indem das Gemüse mit der Schneidmaschine oder einem Gemüsehobel in dünne Scheiben geschnitten und der Braten damit fächerartig überlappend belegt wird. Vor dem Braten leicht ansalzen.

1 Zwiebeln schälen, fein schneiden und in Butterschmalz hellgelb anschwitzen. Knoblauch schälen und fein schneiden. Das Hackfleisch mit Salz, Pfeffer, Senf und Tomatenmark vermengen und gut würzig abschmecken.

2 Eier versprudeln, mit Zwiebeln und Knoblauch zum Fleischteig geben und gut verkneten. Fleischmasse 15 Minuten durchziehen lassen, wenn nötig nachwürzen.

3 Spitzpaprika waschen, halbieren, entkernen und einige Minuten in heißes Wasser legen, damit sie gut formbar sind. Lauch der Länge nach halbieren und einige Minuten zu den Paprika ins Wasser legen. Gemüse herausnehmen und gut abtropfen lassen.

4 Butterschmalz in der Bratenreine zerlassen. Fleischmasse in 3 gleich große Portionen teilen, wobei die erste Portion zu einem 10 cm breiten und 25 cm langen Streifen in die Bratenreine gelegt wird.

5 Die vorbereiteten Paprikaschoten gleichmäßig der Länge nach auf die Fleischmasse verteilen.

6 Den nächsten Fleischteil darüber gleichmäßig verteilen und nun der Länge nach mit den Lauchstreifen belegen. Restliche Fleischmasse darauf ebenso gleichmäßig auftragen und mit den geschnittenen Speckscheiben gleichmäßig belegen. Mit etwas klarer Suppe aufgießen.

7 Braten bei 160 °C Ober- und Unterhitze ca. 1 Stunde und 10–20 Minuten langsam braten. Immer wieder mit Suppe oder dem schon entstandenen Bratensaft übergießen. Nach Ende der Garzeit den Braten noch 15 Minuten im Backofen nachziehen lassen. Mit einem scharfen Messer in schöne Schnitten schneiden und auf dem ganz natürlichen Bratensaft anrichten.

Gefächerter Kräuterschopf

Kräuterbutter

Frische Kräuter

1 EL Petersilie
1 EL Salbei
1 EL Thymian
1 EL Majoran
1 EL Estragon
1 TL Salz
etwas Pfeffer aus der Mühle
100 g Butter

1 kg Schweineschopf
50 g Schweineschmalz
250 ml Suppe zum Aufgießen
(siehe Seite 19)

800 g Kartoffeln, mehligkochend

Beilagenempfehlung:
Anstelle der Kartoffeln könnte dieser schmackhafte Braten mit Maisgrießschnitten serviert werden.

1 Die frischen Kräuter entstielen und fein schneiden. Mit Salz und Pfeffer zur weichen Butter geben und gut und gleichmäßig verrühren.

2 Den Schopfbraten längs zur Faser viermal tief einschneiden. In die entstandenen Fächer die Kräuterbutter gleichmäßig hineinstreichen.

3 Mit einem Bindfaden den Braten mehrmals gut zusammenbinden, damit dieser eine schöne gleichmäßige Form hat (Anleitung siehe Seite 17f).

4 Außen mit Salz und Pfeffer würzen. Schmalz in der Bratenreine zerlassen und Braten einlegen.

5 Das Bratenstück bei 150 °C Ober- und Unterhitze ca. 1 Stunde und 30 Minuten langsam braten, wobei es immer wieder mit Suppe und später mit Bratensaft übergossen wird.

6 Die Kartoffeln schälen, in Spalten schneiden und nach der Hälfte der Garzeit zum Braten geben.

7 Nach Ende der Garzeit noch 15 Minuten im Backofen nachziehen lassen.

8 Bindfaden zur Gänze vom Fleisch lösen und den Fächerbraten in gleichmäßige Scheiben aufschneiden.

9 Mit dem aromatischen Bratensaft und den saftigen Kartoffeln anrichten und heiß servieren.

Tipp: Das Bratenfleisch kann auch zu einer Platte aufgeschnitten und mit der Kräuterbutter gefüllt werden. Dann zusammenrollen und mit dem Bindfaden mehrmals gut zusammenbinden (Anleitung siehe Seite 17f).

Braten von Forelle und Kartoffeln

Kartoffelteig
500 g Kartoffeln, mehligkochend
100 g Mehl
50 g Grieß
1 Ei
50 g Butter
etwas Salz

100 g Hokkaidokürbis
100 g Zucchini
etwas Kräutersalz
50 g Butter
4 Forellenfilets

Beilagenempfehlung: Ein bunter Blattsalat mit Joghurt-Kräuter-Dressing ist eine wunderbare Beilage zu diesem besonderen Fischbraten.

Die luftige Kartoffelmasse wird gleichmäßig auf den Forellenbraten dressiert.

1. Die Kartoffeln kochen, schälen und noch heiß durch die Kartoffelpresse drücken. Kurz überkühlen lassen und dann mit den restlichen Teigzutaten gut verrühren.
2. Hokkaidokürbis halbieren und entkernen.
3. Zucchini und Kürbis mit der Schneidmaschine oder einem Gemüsehobel in dünne Scheiben schneiden und mit Kräutersalz leicht salzen.
4. Butter in einer feuerfesten Form zerlassen und am Boden die Hälfte der Kartoffelmasse auftragen. Mit den vorbereiteten Kürbisscheiben auslegen.
5. Fischfilets ebenso leicht salzen, mit der Hautseite nach außen einmal zusammenlegen und nebeneinander auf die Kürbisscheiben legen. Darauf die Zucchinischeiben legen.
6. Restliche Kartoffelmasse in einen Dressiersack mit großer Sterntülle füllen. Gleichmäßig auf die Fischfilets dressieren, bis die Masse verbraucht ist.
7. Braten bei 160 °C Ober- und Unterhitze ca. 50 Minuten braten.
8. In der Größe der 4 Filets teilen, mit einer Bratenschaufel portionsweise herausheben und anrichten.
9. Mit ein wenig Bratensaft übergießen und servieren.

Tipp: Heimischem Fisch ist immer der Vorzug zu geben, da dieser fangfrisch und zudem schmackhaft ist. Anstelle der Forelle können Lachforellenstücke, Karpfen, Saibling, Eismeersaibling oder auch Huchen auf diese Art zubereitet werden.

Gerollter Hähnchenbraten mit Spinat und Pfifferlingen

300 g Blattspinat, tiefgekühlt, oder 150 g frischer Blattspinat
300 g Pfifferlinge
100 g Zwiebeln
2 Knoblauchzehen
30 g Butter
etwas Kräutersalz
etwas weißer Pfeffer

---

4 Hähnchenbrustfilets ohne Knochen
50 g Butter
250 ml klare Suppe zum Aufgießen (siehe Seite 19)
frische Kräuter als Garnitur

Beilagenempfehlung: Dazu wird ein gebackener Semmelknödel empfohlen, der auch farblich sehr schön harmoniert.

Tipp: Im Frühjahr einen Teil vom Spinat durch Bärlauch ersetzen. Anstelle der Pilze kann auch einmal Frischkäse Verwendung finden.

1 Frischen Spinat blanchieren bzw. tiefgekühlten Spinat auftauen. Pfifferlinge sorgfältig putzen und wenn nötig kleiner schneiden. Zwiebeln und Knoblauch schälen und fein schneiden.

2 Butter in einer Pfanne erhitzen und Zwiebeln und Knoblauch darin hellbraun rösten. Dann die Pfifferlinge hinzufügen und so lange mitrösten, bis die ausgetretene Flüssigkeit verdunstet ist.

3 Mit Salz und Pfeffer würzen und überkühlen lassen.

4 Die Hähnchenbrustfilets zu großen Schnitzeln aufschneiden und etwas überlappend übereinanderlegen. Mit Salz und Pfeffer würzen (Anleitung siehe Seite 16f).

5 Blattspinat auf der Hähnchenfleischplatte gleichmäßig verteilen. Die überkühlten Pfifferlinge ebenso draufgeben. Hähnchenroulade einrollen und mit einem Bindfaden zu einer schönen Rolle zusammenfassen (Anleitung siehe Seite 17f).

6 Butter in einer feuerfesten Form erhitzen und Rollbraten rundum kurz anbraten. Danach mit etwas klarer Suppe aufgießen.

7 Braten bei 160 °C Ober- und Unterhitze ca. 1 Stunde braten, wobei dieser immer wieder mit Suppe oder Bratensaft übergossen wird.

8 Nach Garzeitende den Braten noch 15 Minuten im Backofen nachziehen lassen. Bindfaden entfernen und das Fleisch in Scheiben schneiden.

9 Auf Bratensaft anrichten und mit frischen Kräutern garniert servieren.

Schweinefilet mit Champignons im Brotteig

Brotteig
400 g Weizenmehl Type 700
(in Deutschland: 550)
20 g Hefe
10 g Salz
30 ml Pflanzenöl
250 ml Wasser
1 Ei zum Bestreichen
1 EL Sesam und 1 EL Mohn
zum Bestreuen

---

150 g Zwiebeln
30 ml Pflanzenöl
250 g Champignons
etwas Pilzsalz
etwas weißer Pfeffer

---

50 ml Pflanzenöl
1 Schweinefilet, ganz

> **Beilagenempfehlung:**
> Dazu serviert wird ein bunter Blattsalat mit geraspelten Karotten und Knollenfenchel mit Apfel-Essig-Senf-Dressing.

> **Tipp:** Als Fülle kann auch sehr gut eine Lauch-Käse-Fülle verwendet werden.

1. Für den Brotteig alle Zutaten in eine Rührschüssel geben und von Hand oder mit einer Knetmaschine zu einem glatten, feinen Teig verkneten. Teig zudecken und mindestens 30 Minuten aufgehen lassen.
2. Die Zwiebeln schälen und feinwürfelig schneiden. Öl in der Pfanne erhitzen und Zwiebeln darin leicht bräunlich anrösten.
3. Champignons putzen, feinblättrig schneiden und mit den Zwiebeln mitrösten, bis die entstandene Feuchtigkeit zur Gänze verdampft ist. Mit Pilzsalz und Pfeffer würzen und gut abschmecken.
4. Öl in einer Pfanne erhitzen und das mit Pilzsalz und Pfeffer gewürzte Schweinefilet rundum scharf anbraten.
5. Den aufgegangenen Brotteig zu einem Rechteck in der Größe von 30 mal 40 cm ausrollen. Die ausgekühlten Pilze von der Längsseite gesehen zu zwei Dritteln auf den Teig auftragen.
6. Das Schweinefilet auf die Pilze geben, den Teig von der Längsseite darüberlegen und anschließend einrollen, wobei die leere Teigseite den Abschluss der Rolle bildet.
7. Mit der Teignaht nach unten auf ein mit Backpapier belegtes Backblech legen. Mit verquirltem Ei bestreichen und mit Sesam und Mohn bestreuen.
8. Bei 160 °C Ober- und Unterhitze 30 Minuten backen, bis der Brotteig eine schöne braune Brotfarbe bekommen hat.
9. Noch 15 Minuten im Backofen nachziehen lassen, dann sorgsam aufschneiden und servieren.

Gerollter Schnitzelbraten mit Salbei

4 große Schweineschnitzel
à 200 g
etwas Kräutersalz
etwas Pfeffer aus der Mühle

200 g Murtaler Steirerkäse (oder anderer Kochkäse mit Kümmel)
ca. 20 Salbeiblätter, frisch
50 g Schweineschmalz oder Butterschmalz

250 ml klare Suppe zum Aufgießen (siehe Seite 19)

800 g Kartoffeln, mehligkochend
50 ml Schlagsahne

Beilagenempfehlung:
Ein feiner Kartoffel-Endivien-Salat mit Kürbiskernöl und gutem Apfelessig rundet diesen saftigen Käsebraten ab.

So sieht der Braten vor dem Einrollen aus.

1. Die Schnitzel klopfen und würzen. Überlappend zu einer Schnitzelplatte in Form eines Quadrats auflegen (Anleitung siehe Seite 16f).
2. Den Käse in 5 mm dicke Scheiben schneiden und quer zur Rollrichtung auf den Schnitzeln gleichmäßig auflegen. Die Salbeiblätter von den Stängeln zupfen und auf dem Käse verteilen.
3. Schnitzelbraten fest einrollen und dann mit einem Bindfaden gut umwickeln (Anleitung siehe Seite 17f).
4. Das Schweine- oder Butterschmalz in einer Bratenreine erhitzen und Rollbraten einlegen.
5. Bei 160 °C Ober- und Unterhitze 1 Stunde braten, wobei der Baten immer wieder mit Suppe und Bratensaft übergossen wird.
6. Die Kartoffeln schälen und achteln. Nach 20 Minuten rund um den Braten legen und mitgaren.
7. Den Braten aus der Reine nehmen und im Backofen noch zugedeckt auf einem Teller 15 Minuten nachziehen lassen.
8. Dem Saft mit den Kartoffeln noch die Schlagsahne zufügen und einmal aufkochen.
9. Den Bindfaden vom Braten entfernen und das Fleisch mit einem scharfen Messer zu schönen Bratenscheiben aufschneiden. Mit Saft und Kartoffeln sowie mit Salbei dekoriert servieren.

Tipp: Anstelle des Murtaler Steirerkäses kann auch ein anderer würziger, gut schmeckender Käse verwendet werden.

Fissler SHARP LINE

Gebratenes, mit Wildkräutern und Rohschinken gefülltes Schweinekarree

150 g Zwiebeln
30 g Butter
30 g Wildkräuter (Brennnessel, Giersch, Spitzwegerich, Taubnessel, Gundelrebe, Quendel …)
etwas Kräutersalz
etwas Pfeffer

1 kg Karree
100 g Rohschinken
50 g Butterschmalz
200 g Zwiebeln
4 Knoblauchzehen
250 ml klare Suppe zum Aufgießen (siehe Seite 19)
Wildkräuter für die Garnitur

Beilagenempfehlung: Zum Braten mit Wildkräutern passen als Beilage Dinkelvollkornspätzle.

Tipp: Andere intensive Naturkräuter wie Bärlauch fungieren ebenso als aromatischer Geschmacksgeber.

1 Zwiebeln schälen, feinwürfelig schneiden und in der heißen Butter goldgelb anschwitzen.

2 Die Wildkräuter fein schneiden und unter die überkühlten Zwiebeln rühren. Mit Salz und Pfeffer ein wenig würzen.

3 Das Karree mit einem scharfen Messer zweimal quer durch einen Schlitz einschneiden, wobei die Bratenenden noch zusammenhalten müssen.

4 Den Rohschinken in 4 Portionen auflegen und jeweils zur Hälfte mit Kräuter-Zwiebel-Masse belegen. Rohschinken zusammenklappen und diese gefüllten Schinkenblätter mit Hilfe eines Messers beidseitig jeweils in einen Fleischschlitz einlegen.

5 Butterschmalz in einer Bratenreine zerlassen und den außen gewürzten Braten mit der Schwarte nach oben in die Bratenreine legen.

6 Zwiebeln und Knoblauch schälen, fein schneiden und rund um den Braten verteilen. Mit der Hälfte der Suppe aufgießen und im Backofen bei 150 °C Ober- und Unterhitze 1 Stunde und 20 Minuten langsam braten.

7 Dabei immer wieder mit der restlichen Suppe und mit dem entstandenen Bratensaft übergießen. Braten nach der halben Garzeit umdrehen. Nach Garzeitende den Braten im Backofen noch 15 Minuten nachziehen lassen.

8 In gleichmäßige Scheiben schneiden, mit dem würzigen Saft anrichten und servieren. Wenn vorhanden, mit Wildkräutern dekorieren.

Saftiger Schweinebauch mit Kürbiskernfülle

2 Eier
250 ml Milch
150 g Semmelwürfel
100 g Kürbiskerne
200 g Kürbisfleisch
(Pienna di Napoli oder Hokkaido)
5 Salbeiblätter
etwas Kräutersalz
etwas weißer Pfeffer aus der Mühle

1 kg Schweinebauch
50 g Schweineschmalz
250 ml klare Suppe zum Aufgießen (siehe Seite 19)

Beilagenempfehlung: Dieser Braten ist ein Herbst-Winter-Braten und ist mit einem gedünsteten Paprikaweißkohl besonders gut in Einklang zu bringen.

Tipp: Kürbis und Kürbiskerne würden auch zu einer Fülle aus Kartoffelteig sehr gut passen.

1 Eier mit der Milch gut verquirlen, über die Semmelwürfel gießen und verrühren.

2 Kürbiskerne hacken und vorbereitetes Kürbisfleisch fein raspeln. Salbeiblätter fein schneiden mit den Kürbiskernen und dem Kürbis zur Semmelmasse geben. Alles gut verrühren, mit Salz und Pfeffer würzen und 15 Minuten durchziehen lassen.

3 Schweinebauch zu einer gleichmäßig dünnen Platte aufschneiden (Anleitung siehe Seite 16f) und ebenso würzen.

4 Fülle auftragen und den Braten einrollen.

5 Die Fleischenden überlappend mit Rouladennadeln zusammenfassen, damit der gefüllte Braten gut verschlossen ist.

6 Schweineschmalz in der Bratenreine erhitzen und Roulade einlegen.

7 Im Backofen bei 150 °C Ober- und Unterhitze ca. 1 Stunde und 20 Minuten braten und dabei immer wieder mit Suppe oder mit dem entstandenen Bratensaft übergießen. Nach Ende der Garzeit im Backofen noch 15 Minuten nachziehen lassen.

8 Rouladennadeln aus dem Braten entfernen und das Fleisch mit einem scharfen Messer in schöne Scheiben schneiden.

9 Mit dem geschmackvollen Bratensaft anrichten und servieren.

Glasierter Thymianbraten auf Salzbett

1 kg Schweinebratenfleisch (Karree, Schopf oder Bauch)
500 g grobes Salz
10 g Kümmel, ganz
200 g Zwiebeln
etwas Salz
etwas grob gemahlener Pfeffer
1/2 Bund Thymian
1 EL Senf
4 kleine Thymianzweige als Garnitur

❊ Beilagenempfehlung:
Dieser kräftige Braten braucht eine weniger würzige Beilage, zum Beispiel einen zarter Rotkohlsalat mit Äpfeln.

Die Schwarte wird eingeschnitten, damit die Kräuteraromen gut einziehen können und der Braten besonders knusprig wird.

1 Wenn es ein Bratenfleisch mit Schwarte ist, dann diese mit einem scharfen Messer würfelig einschneiden.

2 Salz und Kümmel mischen, in der Bratenreine am Boden verteilen.

3 Zwiebeln schälen und fein schneiden.

4 Braten mit der Schwartenseite nach oben auf das Salzbett legen und ganz leicht mit Salz und Pfeffer sowie dem Senf würzen.

5 Fein geschnittene Zwiebeln in die Schwarte einreiben.

6 Thymianzweige auf dem Braten verteilen.

7 Braten bei 150 °C Ober- und Unterhitze 1 Stunde und 20 Minuten langsam und knusprig braten.

8 Nach Ende der Garzeit Braten noch 15 Minuten im Backofen nachziehen lassen.

9 Thymianzweige entfernen, Braten in Scheiben geschnitten anrichten und mit frischem Thymian garnieren.

❊ Tipp: Anstelle des Salzbettes kann auch eine Salzkruste verwendet werden, die die Oberfläche abdeckt und das Fleisch darunter sehr saftig hält.

Karreevulkan mit Camembert und Nüssen

100 g Walnüsse
150 g Camembert
100 g rote Zwiebeln

1 kg Karree
etwas Salz
etwas Pfeffer aus der Mühle
150 ml Most zum Aufgießen
80 g Preiselbeeren zur Geschmacksabrundung

❊ **Beilagenempfehlung:**
Sehr gut geschmacklich abgestimmt wird dieser Braten mit einem Püree aus Topinambur oder Süßkartoffeln.

Geschmacklich und optisch einzigartig!

1. Walnüsse hacken und Camembert feinwürfelig schneiden. Zwiebeln schälen und würfelig schneiden.
2. Das Fleischstück auf ein Schneidebrett legen und mit einem scharfen Messer in der Mitte quer durch ein Kreuz einschneiden, ohne die Seiten durchzuschneiden.
3. Fleisch mit Salz und Pfeffer würzen und aufstellen.
4. Die entstandene Öffnung wie bei einem Vulkan auseinanderdrücken und mit Walnüssen und Camembert kräftig füllen. Diese dann gut hineindrücken, damit sie auch bis zum letzten Stück aufgebraucht werden.
5. Braten in die Bratenreine stellen und den Most in die Reine gießen. Zwiebeln darüberstreuen und nochmals pfeffern.
6. Den Braten bei 150 °C Ober- und Unterhitze 1 Stunde und 20 Minuten langsam braten. Dabei immer wieder mit Bratensaft übergießen.
7. Nach Ende der Garzeit den Braten noch 15 Minuten im Backofen nachziehen lassen. Die Preiselbeeren zum Braten in die Reine geben.
8. Diesen Braten am besten im Ganzen zu Tisch bringen und erst dort aufschneiden. So können alle Gäste bzw. die Familie den Vulkan in seiner Darstellung bewundern.

❊ **Tipp:** Dieser Bratenvulkan ist auch mit einer Kartoffel-Hartkäse-Fülle ein echtes Gedicht, welche beim Braten mit kleinen Speckwürfeln bestreut wird.

Brathähnchen mit Dörrpflaumen und Nüssen

3 Eier
125 ml Milch
200 g Semmelwürfel
150 g weiße Zwiebeln
30 g Butter
100 g Walnüsse
150 g Dörrpflaumen
10 g frische Petersilie
etwas Salz
etwas weißer Pfeffer

1 Brathähnchen, ca. 1,2 kg
50 g Butter
250 ml klare Suppe zum Aufgießen (siehe Seite 19)

Beilagenempfehlung:
Da diese Fülle auf Grund der Zutaten eher für die kalte Jahreszeit passt, wird ein roter oder weißer Chinakohlsalat mit Apfel dazu serviert.

1 Die Eier mit der Milch verquirlen und die Semmelwürfel damit übergießen. Gut durchrühren und aufquellen lassen.

2 Zwiebeln schälen, fein hacken und in der Butter goldgelb rösten. Nüsse hacken, Dörrpflaumen grob und Petersilie fein schneiden.

3 Alle Zutaten für die Fülle vermengen und mit Salz und Pfeffer würzen.

4 Das Hähnchen ebenso mit Salz und Pfeffer würzen und mit der Semmelwürfelmischung füllen, bis der Bauchraum voll ist.

5 Mit einer Rouladennadel verschließen und in die mit zerlassener Butter vorbereitete Reine legen.

6 Hähnchen bei 150–160 °C Ober- und Unterhitze 1 Stunde und 30 Minuten braten und immer wieder mit Suppe bzw. später Bratensaft übergießen.

7 Aus der restlichen Semmelmasse nach einer Stunde Garzeit Knödel formen, in die Bratenreine legen und mitbraten.

8 Nach Ende der Garzeit das Hähnchen noch 15 Minuten im Backofen nachziehen lassen.

9 Hähnchen mit der Geflügelschere tranchieren und mit den Knödeln und dem Natursaft anrichten.

Tipp: Die Oberfläche des Hähnchens 20 Minuten vor Garzeitende mit Honig, vermischt mit einer Spur Ingwerpulver, überpinseln, damit eine süße, würzige Kruste entsteht.

Putenbrust auf Tomatenreis

150 g Schalotten
30 g Butter
180 g Reis
etwas Knoblauchsalz
500 ml klare Suppe zum Aufgießen

1 kg Putenbrust
etwas weißer Pfeffer
400 g kleine Tomaten
je 1 Zweig Rosmarin und Salbei
250 ml klare Suppe zum Aufgießen nach Bedarf
(siehe Seite 19)

⁂ Beilagenempfehlung:
Zu diesem sommerlichen Essen empfiehlt sich ein Grüne-Bohnen-Salat mit feinen, blättrig geschnittenen Schalotten.

1 Schalotten schälen und fein schneiden.

2 Butter in der Bratenreine erhitzen und Schalotten darin hellbraun anrösten.

3 Reis und Salz zufügen und Reis glasig anlaufen lassen.

4 Mit Suppe aufgießen und aufkochen lassen.

5 Putenbrust mit Salz und Pfeffer würzen und auf den Reis legen.

6 Die Tomaten ebenso zum Reis legen, die Kräuterzweige auf den Braten geben.

7 Braten im Backofen bei 150 °C Ober- und Unterhitze 1 Stunde und 10–20 Minuten braten. Wenn nötig, mit mehr Suppe aufgießen, damit der Reis butterweich wird.

8 Nach Garzeitende noch 15 Minuten im Backofen nachziehen lassen.

9 Den Braten in Stücke schneiden und mit Reis und Tomaten anrichten.

⁂ Tipp: Um dem Braten noch mehr Geschmack und Farbe zu verleihen, kann dieser während der Garzeit mit einer Mischung aus Tomatenmark, Suppe und süßem Senf bestrichen werden.

Korianderbraten mit Pfirsichweißkohl

6 Knoblauchzehen
1 daumengroßes Stück Ingwer
2 Chilischoten
1 TL Kreuzkümmel
1 TL Korianderkörner
etwas Salz
etwas Pfeffer aus der Mühle
1 kg Schopfbraten
2 EL Maiskeimöl
4 EL Sojasauce

Pfirsich-Curry-Kohl
3 Frühlingszwiebeln, in feine Streifen geschnitten
2 rote Zwiebeln, in feine Streifen geschnitten
1 Kohlkopf, ca. 700 g
250 g Pfirsich
1 EL Currypulver
etwas Zitronensalz
Saft von 1/2 Bio-Zitrone
2 EL Essig
250 ml Wasser zum Aufgießen

Beilagenempfehlung:
An Beilagen ist bei diesem Gericht beinahe alles perfekt. Eine nette Abrundung ist die Beigabe eines süß-pikanten Pfirsich-Chutneys.

1 Knoblauchzehen und Ingwer schälen und fein schneiden. Die Chilischoten sorgfältig entkernen und in Streifen schneiden. Kreuzkümmel und Korianderkörner mörsern.

2 Die Gewürze gut vermengen und den Schopfbraten damit rundum würzen.

3 Das Öl in der Bratenreine erhitzen und Braten einlegen.

4 Sojasauce dazugeben und Braten bei 150 °C Ober- und Unterhitze ca. 1 Stunde und 30 Minuten langsam braten.

5 Für den Pfirsich-Curry-Kohl die Zwiebeln putzen, wenn nötig Außenschalen entfernen und in größere Stücke schneiden.

6 Kohlkopf vierteln und den Strunk herausschneiden. Die Pfirsiche vierteln und entkernen.

7 Nach der halben Garzeit die Kohlstücke, Zwiebeln und Pfirsichspalten zum Braten geben.

8 Gemüse mit Curry und etwas Salz würzen und mit Zitronensaft, Essig und etwas Wasser übergießen. Den Braten während der Garzeit ebenso immer wieder mit Bratensaft übergießen.

9 Nach Ende der Garzeit noch 15 Minuten im Backofen nachziehen lassen. Fleisch aufschneiden und mit dem Pfirsich-Curry-Kohl anrichten.

Tipp: Braten bieten immer wieder die Möglichkeit, dass die Beilagen gleich mitgegart werden. Entscheidend ist der Zeitpunkt der Zugabe, damit diese gar werden, aber nicht zerfallen bzw. trocken werden.

Lachsforellen-Spinat-Braten

250 ml Milch
2 Eier
etwas Kräutersalz
etwas Pfeffer aus der Mühle
20 g Petersilie, frisch
1 Prise Muskat
200 g Semmelwürfel

250 g Blattspinat, tiefgekühlt,
oder 150 g frischer Blattspinat
2 Knoblauchzehen
1 Lachsforellenfilet, ca. 600 g
70 g Butter

Beilagenempfehlung:
Dazu wird am besten eine Knoblauch- oder Kräuterrahmsauce serviert.

1 Für den Semmelmantel Milch, Eier, Salz, Pfeffer, fein geschnittene Petersilie und Muskat gut verrühren und die Semmelwürfel damit übergießen. Semmelmasse gut durchrühren und 20 Minuten durchziehen lassen.

2 Frischen Spinat blanchieren bzw. tiefgekühlten Spinat auftauen.

3 Knoblauch schälen und fein schneiden sowie leicht salzen. Das Lachsforellenfilet mit Kräutersalz beidseitig würzen.

4 Die Semmelmasse auf einem Backpapier zu einer Platte in der Größe von 35 mal 35 cm auslegen.

5 Das Lachsforellenfilet mit der Hautseite nach unten auf den Semmelteig legen. Den vorbereiteten Spinat auf dem Fischfilet gleichmäßig verteilen.

6 Die Semmelmasse mit Hilfe des Backpapiers beidseitig nach oben über den Fisch und den Spinat legen, wobei in der Mitte der Spinat noch zu sehen ist.

7 Die Butter in der Bratenreine zerlassen und den Braten mit einer Bratenschaufel vom Backpapier in die Bratenreine legen.

8 Bei 160 °C Ober- und Unterhitze 1 Stunde braten bzw. backen.

9 Nach Ende der Garzeit noch 15 Minuten im Backofen nachziehen lassen. Braten in schöne Stücke schneiden und servieren.

Tipp: Es ist auch möglich, diesen Braten in einer Backform zu garen, wobei er noch saftiger bleibt.

Kräuterkalbsbraten in Backpapier

1 TL Pfefferkörner, gemörsert
1 kg Kalbsbraten
etwas Kräutersalz
40 g Honig
20 g Tomatenmark
30 g frische Kräuter aus Garten und Natur

1 Blatt Backpapier

❊ Beilagenempfehlung:
Zu diesem feinen Braten kurzgebratenes buntes Gemüse nach Saison servieren.

Das Backpapier erhält die Aromen, Nährstoffe und den wunderbaren Bratensaft.

1 Pfeffer in einer kleinen Pfanne trocken rösten, bis er zu duften beginnt.

2 Backpapierblatt in eine feuerfeste Form legen und das Bratenstück darauflegen.

3 Pfeffer im Mörser fein mörsern und mit dem Salz über den Braten geben.

4 Honig und Tomatenmark verrühren und den Braten damit bestreichen.

5 Die Kräuter fein hacken und auf dem Braten verteilen.

6 Das Backpapier rund um den Braten zusammenschlagen und Enden durch Drehen verschließen.

7 Braten zuerst bei 180 °C Ober- und Unterhitze 15 Minuten und danach bei 120 °C 2 Stunden langsam fertigbraten.

8 Nach Ende der Garzeit im Backofen noch 15 Minuten nachziehen lassen.

9 Danach den Kalbsbraten, der innen noch schön rosa ist, aufschneiden und mit ein wenig Natursaft anrichten.

❊ Tipp: Der Braten kann vor dem Einpacken in das Backpapier auch auf allen Seiten kurz scharf angebraten werden, damit bleibt die rosa Schicht innerhalb des Bratens noch größer.

Aprikosen-Mandel-Braten

150 g Mandeln
100 g weiße Zwiebeln
50 g Aprikosenkonfitüre
20 g scharfer Senf
etwas Zitronensalz
etwas weißer Pfeffer

50 ml Pflanzenöl
1 kg Schopfbraten
250 ml klare Suppe
zum Aufgießen (siehe Seite 19)
125 ml Weißwein

❊ **Beilagenempfehlung:**
Sehr beliebt als Beilage zu Braten ist auch Getreidereis (halbgeschältes Getreide), wozu es einige Variationen gibt: Dinkel, Weizen, Einkorn oder Emmer zu einer Reisbelage zubereiten.

1 Mandeln kurz in kochendes Wasser legen und danach schälen. Nach dem Überkühlen grob hacken.

2 Zwiebeln schälen und fein schneiden.

3 Aprikosenkonfitüre, Senf, Salz, Pfeffer, Mandeln und Zwiebeln gut verrühren.

4 Das Öl in der Bratenreine erhitzen und Braten einlegen.

5 Diesen mit Salz und Pfeffer würzen und mit der Aprikosen-Mandel-Masse gleichmäßig belegen.

6 Mit etwas klarer Suppe aufgießen.

7 Braten bei 150 °C Ober- und Unterhitze 1 Stunde und 20 Minuten langsam braten. Nach der Hälfte der Garzeit mit dem Wein aufgießen.

8 Braten nach Garzeitende noch 15 Minuten im Backofen nachziehen lassen.

9 In gleichmäßige Stücke aufschneiden und mit dem süß-sauren Bratensaft servieren.

❊ **Tipp:** Falls die Oberfläche durch die Konfitüre zu dunkel wird, kann der Braten rechtzeitig mit Backpapier abgedeckt werden.

1/16 L
¼L

Vegetarische Braten

MIT BEILAGENEMPFEHLUNGEN

Gefüllter Kürbisbraten

1 Kürbis nach Wahl, ca. 1,2 kg
300 g Kürbisfleisch, aus dem Kürbis ausgehöhlt
etwas Kräutersalz
100 g rote Zwiebeln
100 g rote Paprika
100 g grüne Paprika
80 g Edamer
10 g frische Petersilie
2 Eier
80 g Weizen- oder Dinkelgrieß
250 ml klare Suppe zum Aufgießen (siehe Seite 19)
etwas Pflanzenöl zum Einfetten der Form

⁂ **Beilagenempfehlung:** Dieses bunte Gemüsegericht braucht zur Abrundung für Gaumen und Auge eine kräftige Kräuterrahmsauce oder eine sommerliche Tomatensauce.

1 Den Kürbis in der Mitte aushöhlen und die gesamten Kerne herausnehmen, wobei der Boden ganz bleiben muss. Dann auch noch etwa 300 g Kürbisfleisch herausnehmen und fein schneiden.

2 Etwas salzen und 10 Minuten ziehen lassen.

3 Danach das Kürbisfleisch ausdrücken, welches durch das Salz Flüssigkeit lässt.

4 Die Zwiebeln schälen und fein schneiden. Die Paprikaschoten waschen, entkernen und ebenso fein schneiden. Käse reiben und Petersilie schneiden.

5 Gemüse, Käse und Petersilie gut vermengen und würzen.

6 Die Eier aufschlagen und mit dem Grieß unter das Gemüse rühren. 15 Minuten durchziehen lassen, damit der Grieß aufquellen kann.

7 Den Kürbis in eine eingefettete Bratenreine stellen.

8 Mit dem Gemüse füllen und im Backofen bei 160 °C Ober- und Unterhitze gut 1 Stunde braten. Kürbis immer wieder mit der Suppe aufgießen.

9 Nach Ende der Garzeit noch kurz im ausgeschalteten Backofen rasten lassen und dann herausnehmen. Wie eine Torte in Stücke schneiden und servieren.

⁂ **Tipp:** Längliche Kürbisse quer halbieren, entkernen und dann die Fülle einfach in die entstandene Rille einfüllen und braten.

Linsen-Gemüse-Braten

200 g braune Tellerlinsen
etwas Salz
2 Lorbeerblätter, ganz
100 g Karotten
100 g Frühlingszwiebeln
2 Eier
80 g Mehl
50 g Grieß
1/2 TL Curry
etwas weißer Pfeffer
etwas Pflanzenöl zum Einfetten der Form

150 g gelbe Bohnen
60 g Frühlingszwiebeln

Beilagenempfehlung:
Eine warme Käsesauce mit Schafskäse oder mildem Bergkäse dazu zu servieren, führt bei diesem Braten zu einem richtigen Geschmackserlebnis.

1. Linsen 2 Stunden in warmem Wasser einweichen.
2. Danach laut Packungsanleitung mit Salz und Lorbeer weichkochen.
3. Inzwischen das Gemüse vorbereiten: Karotten schälen und fein raspeln. Frühlingszwiebeln in feine Ringe schneiden.
4. Die gekochten Linsen abseihen und überkühlen lassen.
5. Gemüse, Eier, Mehl, Grieß und Gewürze zugeben und gut verrühren.
6. Bratenmasse 15 Minuten durchziehen lassen und nochmals würzig abschmecken.
7. Bratenreine einfetten und Linsenmasse zu einem Braten geformt einlegen.
8. Im vorgeheizten Backofen bei 160°C ca. 50 Minuten bei Ober- und Unterhitze braten.
9. Die gelben Bohnen in der Zwischenzeit dämpfen und leicht salzen. Frühlingszwiebeln in Stücke schneiden und zu den Bohnen geben. Fertigen Braten in Stücke schneiden und mit den Bohnen und den Frühlingszwiebeln servieren.

Tipp: Zu diesem Gericht passen natürlich auch alle anderen Linsensorten, wobei die unterschiedlichen Kocheigenschaften (z.B. gelbe Linsen werden beim Kochen rasch breiig) zu beachten sind.

Grünkohl-Maisgrieß-Braten

600 ml klare Suppe
(siehe Seite 19)
300 g Maisgrieß
2 l Wasser
2 EL Weißweinessig
1 Grünkohlkopf, 800 g
150 g rote Zwiebeln
30 g Butter
3 Eier
100 g Hartkäse
etwas Basilikumsalz
1 Prise Muskat
50 g Butter
250 ml klare Suppe zum
Aufgießen (siehe Seite 19)

300 g kleine Tomaten
1 orange Paprika

❊ Beilagenempfehlung:
Sehr hübsch und geschmacklich perfekt kombiniert wird ein schöner grüner Kräuterespuma dazu empfohlen.

Die Maisgrießmasse wird auf die Kohlblätter aufgetragen und der Gemüsebraten dann gleichmäßig und fest eingerollt.

1 Die Suppe erhitzen und den Maisgrieß einrühren. Aufkochen lassen, Herd ausschalten und Maisgrieß auf der noch heißen Platte 15 Minuten ziehen lassen.

2 Wasser mit Essig aufkochen und die äußeren Grünkohlblätter (8 Stück) für 3 Minuten ins kochende Wasser geben. Kohlblätter herausnehmen und eiskalt abspülen, damit die Blattfarbe erhalten bleibt.

3 Die Zwiebeln schälen, würfelig schneiden und in einer Pfanne in der erhitzten Butter glasig anlaufen lassen.

4 Ausgekühlten Maisgrieß mit Zwiebeln vermengen. Eier, geriebenen Käse und Gewürze gut vermischen, zum Maisgrieß geben und würzig abschmecken.

5 Bei den Kohlblättern die dicken Blattadern herausschneiden und die Blätter schön überlappend zu einem Rechteck von 30 mal 40 cm auflegen. Maisgrießmasse darauf gleichmäßig verstreichen und mit den Kohlblättern einrollen.

6 Butter in der Bratenreine zerlassen. Grünkohlbraten einlegen und mit Suppe aufgießen.

7 Braten bei 160 °C Ober- und Unterhitze 50 Minuten langsam braten und dabei immer wieder mit Bratensaft bzw. Suppe übergießen.

8 Die Tomaten quer halbieren und die Paprika waschen, entkernen und in Streifen schneiden. Beides nach 20 Minuten zum Braten geben und mitgaren.

9 Fertigen Braten in Scheiben schneiden, mit dem Natursaft und dem Gemüse anrichten.

❊ Tipp: Als Hülle für derartige Braten eignen sich ebenso weißer und roter Chinakohl sowie Weiß- oder Rotkohl.

Kartoffelbraten mit Käse-Kräuter-Fülle

500 g Kartoffeln, mehligkochend
100 g Mehl
50 g Grieß
50 g Butter
2 Eier
1 Prise Muskat
etwas Salz

150 g Camembert
20 g frische Kräuter (Petersilie, Basilikum, Majoran, Thymian, Salbei, Pilzkraut, Currykohl ...)
250 g Magerquark
20 g Maisstärke
etwas Salz
etwas Pfeffer aus der Mühle

80 g Butter
1 große Kartoffel, mehligkochend

❊ Beilagenempfehlung:
Ein bunter gemischter Salat mit Joghurt-Kräuter-Dressing ist eine erfrischende Beilage zu diesem schmackhaften Braten.

1 Die Kartoffeln waschen und dämpfen, bis diese weich sind bzw. aufspringen. Kartoffeln schälen und noch heiß durch die Kartoffelpresse drücken.

2 Nach dem Überkühlen Mehl, Grieß, Butter, Eier, Muskat und Salz zufügen und rasch zu einem Kartoffelteig verkneten.

3 Für die Fülle den Camembert mit einer Gabel zerdrücken.

4 Die Kräuter fein schneiden und mit dem Quark, Maisstärke und Gewürzen gut verrühren.

5 Butter in der Bratenreine zerlassen. Darin die Hälfte des Kartoffelteiges zu einer 2 cm dicken Fläche auftragen.

6 Die Fülle mit dem Käse daraufstreichen und die zweite Hälfte des Kartoffelteiges darauf gleichmäßig verteilen.

7 Die Kartoffel mit einer Schneidmaschine oder einem Gemüsehobel ca. 1 mm dick aufschneiden und den Braten damit überlappend belegen.

8 Mit Butterflocken belegen und bei 160 °C Ober- und Unterhitze ca. 50 Minuten braten.

9 Braten in Stücke schneiden und servieren.

❊ Tipp: Käse wie Camembert lässt sich leichter zerdrücken, wenn dieser bereits Zimmertemperatur hat.

Reis-Pfifferlinge-Braten

350 g Risottoreis
800 ml klare Suppe (siehe Seite 19)
etwas Salz
1/2 Zwiebel
3 Gewürznelken
500 g Pfifferlinge
200 g weiße Zwiebeln
50 g Butter
10 g Petersilie
etwas Pfeffer aus der Mühle
3 Eier
50 g saure Sahne
etwas weißer Pfeffer
80 g Butter
1 große Karotte
1 kleine Zucchini
etwas klare Suppe zum Aufgießen (siehe Seite 19)

⁜ Beilagenempfehlung:
Pfifferlinge haben vor allem im Sommer Saison, deshalb mit einem grünen Salat mit Fruchtgemüse und Kräuterdressing anbieten.

Dieser Braten ist ein richtiger Hingucker!

1 Den Reis mit der klaren Suppe aufkochen und salzen. In die halbe Zwiebel die Gewürznelken einstecken und mit dem Reis mitdünsten. Reis während des Garens immer wieder umrühren.

2 Die Pfifferlinge putzen und halbieren. Zwiebeln schälen und feinwürfelig schneiden.

3 Butter erhitzen und zuerst Zwiebeln und dann die Hälfte der Pfifferlinge darin gut rösten, bis die entstandene Flüssigkeit verdampft ist. Petersilie, Salz und Pfeffer dazugeben und Pilze würzig abschmecken.

4 Aus dem Reis die Nelkenzwiebel entfernen.

5 Reis mit gerösteten Schwammerln, Eiern und saurer Sahne gut verrühren und die Masse abschmecken.

6 Butter in der Bratenreine zerlassen und Reisbraten als Stollen hineingeben.

7 Karotte und Zucchini mit der Schneidmaschine oder einem Gemüsehobel in ca. in 1 mm dünne Scheiben schneiden, damit abwechselnd den Braten überlappend belegen.

8 Mit Butterflocken belegen und bei 160 °C Ober- und Unterhitze ca. 50 Minuten braten. Den Braten hin und wieder mit Suppe übergießen.

9 Die restlichen Pfifferlinge nach 30 Minuten zum Braten geben, salzen und pfeffern. Braten aufschneiden, mit den Pilzen anrichten und mit etwas Bratensaft übergießen.

⁜ Tipp: Heimischer Getreidereis (Dinkelreis, Weizenreis und Co.) kann eine überaus schmackhafte und gesunde Variante sein.

Dinkelreis-Gemüse-Braten

60 g Butter
300 g Dinkelreis
800 ml klare Suppe
(siehe Seite 19)
etwas Salz
20 g Tomatenmark
Chiliflocken nach Belieben
je 1 Msp. Zimt und Nelken
1/3 TL Kurkuma
150 g Karotten
200 g weiße Zwiebeln
100 g Zucchini
100 g Rosinen
50 g Butter
je 50 g Karotten und Zucchini
zum Garnieren

❊ **Beilagenempfehlung:**
Eine cremige Beigabe aus Crème fraîche und saurer Sahne mit etwas Honig und ganz wenig Knoblauch ist eine Top-Kombination. Natürlich passt auch ein bunter, würziger Blattsalat mit Rucola sehr gut zu diesem Getreidebraten.

1 Butter in der Bratenreine erhitzen und Dinkelreis zufügen.

2 Mit Suppe aufgießen und mit Salz, Tomatenmark, Chiliflocken, Zimt, Nelken und Kurkuma würzen.

3 Karotten schälen und blättrig schneiden. Zwiebeln schälen und in 1 cm dicke Scheiben schneiden.

4 Zucchini in Streifen schneiden, mit den Karotten, Zwiebelscheiben und Rosinen auf dem Braten verteilen.

5 Reisbraten bei 160 °C Ober- und Unterhitze 1 Stunde braten.

6 Nach der Hälfte der Garzeit Reis auf seine Festigkeit überprüfen und, wenn nötig, noch etwas Suppe nachgießen.

7 Die Oberfläche mit Butterflocken belegen und fertiggaren.

8 Karotten und Zucchini in dünne Scheiben schneiden und vor dem Anrichten auf dem fertig gegarten Braten drapieren.

9 Braten in der Bratenreine zu Tisch bringen.

❊ **Tipp:** Gemüse und Geschmackszutaten können je nach Vorliebe wechseln bzw. den Jahreszeiten angepasst werden.

Saftiger Walnuss-Käse-Braten mit Reis

30 g Butter
300 g Reis
600 ml klare Suppe (siehe Seite 19)
etwas Salz
2 Eier
20 g Petersilie
1 Prise Vanillezucker
250 g Pflaumen
60 g Butter
200 g Schafsweichkäse
100 g Walnüsse
30 g Parmesan zum Bestreuen
etwas klare Suppe zum Aufgießen (siehe Seite 19)

❊ Beilagenempfehlung: Um den süß-säuerlichen Geschmack des Bratens zu verstärken, ist eine Kürbisrohkost mit Äpfeln und einem Fruchtessig als Beilage zu empfehlen.

1 Die Butter in einem Kochtopf zerlassen und den Reis darin glasig dünsten.

2 Mit Suppe aufgießen, salzen und Reis langsam garkochen.

3 Nach dem Überkühlen die Eier, fein geschnittene Petersilie und den Vanillezucker unterrühren und Reis nochmals abschmecken.

4 Die Pflaumen schälen und halbieren.

5 Butter in der Bratenreine zerlassen.

6 Die Hälfte der Reismasse in die Form geben.

7 Mit den Pflaumenhälften (Schnittfläche nach oben) und dem Schafsweichkäse belegen. Die grob gehackten Walnüsse darüberstreuen und mit der zweiten Reishälfte abdecken.

8 Mit Parmesan bestreuen und bei 160 °C Ober- und Unterhitze ca. 50 Minuten braten. Wenn nötig, während der Bratzeit mit etwas klarer Suppe aufgießen.

9 Braten in Scheiben schneiden und mit frischen Pflaumen garniert servieren.

❊ Tipp: Käse und Früchte können je nach Geschmack und Vorhandensein auch variiert werden.

Kohlkopf gebraten mit Österkron und Birnen

etwas Salz
1/2 TL Kümmel, ganz
1 Prise Anis, ganz
1 flacher Weißkohlkopf, ca. 750 g (Braunschweigerkraut)
4 Birnen
100 g weiße Zwiebeln
200 g Österkron (oder anderer Grünschimmelkäse)
60 g Butter
250 ml klare Suppe zum Aufgießen (siehe Seite 19)

Beilagenempfehlung: Anstelle einer Sauce kann dazu eine süß-würzige Paprika-Chili-Konfitüre serviert werden.

1 Zum Vorkochen des Kohlkopfes ca. 2 Liter Wasser mit Salz, Kümmel und Anis aufkochen.

2 Den Strunk des Kohlkopfes glatt abschneiden. Den Kohlkopf an der Oberfläche kreuzweise so tief einschneiden, dass nur noch der Strunk am unteren Ende zusammenhält. Mit der Oberfläche nach unten in das Wasser legen und gut 5–8 Minuten ziehen lassen. Dann herausnehmen und etwas überkühlen lassen.

3 Die Birnen mit der Schale halbieren und entkernen. Die Zwiebeln schälen und würfelig schneiden. Den Käse ebenso in Würfel schneiden und mit den Zwiebelwürfeln vermengen.

4 Die Butter in der Bratenreine oder der feuerfesten Form zerlassen.

5 Den Kohlkopf mit den Schnittflächen nach oben einlegen. Die Birnenhälften in die Einschnitte drücken. Die Käse-Zwiebel-Mischung in die in der Mitte entstandene Öffnung füllen.

6 Kohlbraten bei 160 °C Ober- und Unterhitze 1 Stunde langsam braten.

7 Inzwischen immer wieder mit der Suppe aufgießen bzw. übergießen.

8 Braten im Ganzen zu Tisch bringen und erst dann aufschneiden.

Tipp: Damit der Braten noch saftiger wird, sollte man ihn die erste Hälfte der Garzeit zudecken.

Hirsebraten

200 g Hirse
500 ml klare Suppe
(siehe Seite 19)
200 g Brokkoli
150 g Karotten
150 g Zwiebeln
30 g Butter
2 Eier
150 g Maismehl oder Hirsemehl
1 Msp. Curry
1 Msp. Kurkuma
1 Msp. Muskat
1 Msp. Ingwer
1 EL Petersilie
etwas Salz
60 g Butter
1 kleine Zucchini (200 g)
250 ml klare Suppe zum
Aufgießen (siehe Seite 19)
150 g Brokkoli
200 g Minitomaten, bunt
20 g Butter

❊ Beilagenempfehlung:
Ein pikanter Dip aus Crème fraîche mit saurer Sahne, Zitronensaft und frischen Kräutern ist eine schöne geschmackliche Ergänzung.

1 Hirse zuerst heiß waschen, damit die Bitterstoffe nicht zu stark durchkommen.

2 Suppe aufkochen und gewaschene Hirse dazugeben. 10–15 Minuten unter mehrmaligem Umrühren köcheln lassen. Danach Herd ausschalten und Hirse auf der Herdplatte bzw. im heißen Kochtopf noch 20 Minuten nachziehen lassen.

3 In der Zwischenzeit das Gemüse vorbereiten: Brokkoli in kleine Röschen teilen und in Salzwasser eine Minute blanchieren.

4 Die Karotten schälen und grob raspeln. Zwiebeln schälen, feinwürfelig schneiden und in der Butter goldgelb anrösten. Gegarte Hirse mit dem Gemüse, den Eiern, Gewürzen und dem Maismehl gut vermengen und würzig abschmecken.

5 Butter in der Bratenreine zerlassen, Bratenmasse hineingeben und in Form bringen.

6 Zucchini der Länge nach mit der Schneidmaschine oder einem Gemüsehobel in ca. 1 mm dünne Scheiben schneiden und den Braten damit dachziegelartig belegen.

7 Braten bei 160 °C Ober- und Unterhitze 50 Minuten langsam braten. Dabei immer wieder mit der Suppe bzw. Bratensaft übergießen.

8 Restlichen Brokkoli in Röschen teilen und kurz dämpfen. Die Minitomaten in Butter kurz schmelzen lassen. Gemüse über den vorbereiteten Braten verteilen und diesen im Ganzen servieren.

❊ Tipp: Gemüse und Hirse harmonieren immer sehr gut. Darum kann Gemüse nach Belieben bzw. nach Jahreszeit verwendet werden.

1/16 L
¼L

Bunter Gemüsebraten

500 g Kartoffeln, mehligkochend
150 g Weizenmehl
50 g Butter
2 Eier
etwas Salz
1 Prise Muskat
300 g gemischtes buntes Gemüse (Paprika, Karotten, Erbsen, rote Zwiebel, Kürbis, Lauch, Brokkoli …)
20 g Gartenkräuter, gemischt
60 g Butter
250 ml klare Suppe zum Aufgießen (siehe Seite 19)

Beilagenempfehlung:
Zur Abrundung wird zu diesem bunten Braten ein Blattsalat der Saison mit einem Dressing aus Kürbiskernöl mit Trauben-Ingwer-Essig serviert.

1 Die Kartoffeln dämpfen, bis die Schale aufspringt. Überkühlen lassen, schälen und durch die Kartoffelpresse drücken.

2 Mit Mehl, Butter, Eiern, Salz und Muskat einen Kartoffelteig kneten.

3 Das Gemüse je nach Art waschen, putzen, schälen und klein schneiden.

4 Über Dampf 4 Minuten garen.

5 Kräuter fein schneiden.

6 Gemüse und Kräuter gleichmäßig unter den Kartoffelteig mengen und Masse würzig abschmecken.

7 Butter in der Bratenreine zerlassen, Gemüsebratenmasse einlegen und in Form bringen.

8 Braten bei 160 °C Ober- und Unterhitze gut 50 Minuten braten, wobei immer wieder mit der Suppe aufgegossen wird.

9 Braten in Stücke schneiden und anrichten.

Tipp: Den Kartoffelteig auf einem bemehlten Backpapier ausrollen, das Gemüse daraufgeben und dann einrollen. Dies wäre auch eine sehr hübsche Variante dieses Gerichtes.

Edle Braten

MIT BEILAGENEMPFEHLUNGEN

Festtagsbraten

300 g Blattspinat, tiefgekühlt,
oder 150 g frischer Blattspinat
4 Rinderschnitzel à 200 g
etwas Salz
etwas Pfeffer aus der Mühle
30 g scharfer Senf
80 g Frühstücksspeck
100 g Emmentaler
50 ml Pflanzenöl
300 g Wurzelgemüse (Karotten, Sellerie, Petersilie, Pastinaken)
250 ml klare Rindssuppe zum Aufgießen (siehe Seite 19)
je 1 Zweig Rosmarin und Salbei
250 g Cocktailtomaten
80 ml Schlagsahne

Bindfaden

Beilagenempfehlung: Für einen Festtagsbraten empfehlen sich als Beilage Prinzesskartoffeln, die je nach Anlass entsprechend angerichtet werden können.

Tipp: Saftig bleibt ein derartiger Braten auch, wenn der Speck an der Oberfläche des Bratens mitgebraten wird.

1 Frischen Blattspinat blanchieren bzw. tiefgekühlten Spinat auftauen.

2 Die Rinderschnitzel klopfen und leicht überlappend zu einer quadratischen Platte auflegen. Mit Salz und Pfeffer würzen und mit Senf bestreichen. Den fein geschnittenen Speck gleichmäßig darauf legen (Anleitung siehe Seite 16f).

3 Den Spinat mit Salz würzen und gleichmäßig auf dem Speck verteilen. Den Käse reiben und darüberstreuen.

4 Den Schnitzelrollbraten eng einrollen, mit einem Bindfaden gleichmäßig mehrmals umwickeln und zusammenbinden (Anleitung siehe Seite 17f). Das Öl in einer Bratenreine erhitzen und den Braten darin rundum anbraten.

5 Das Wurzelgemüse putzen, schälen und grob schneiden.

6 Den Braten aus der Reine nehmen und das Gemüse kurz darin anrösten. Mit Suppe aufgießen, Braten wieder einlegen und Kräuterzweige dazugeben.

7 Braten bei 160 °C Ober- und Unterhitze 1 Stunde braten und dabei häufig mit Suppe bzw. Bratensaft übergießen. 20 Minuten vor Garzeitende die Tomaten dazulegen. Danach den Braten aus der Reine nehmen und zugedeckt im Backofen noch 15 Minuten nachziehen lassen.

8 Die Tomaten ebenso herausnehmen und warm halten. Die Gewürzzweige weggeben.

9 Den Bratensaft mit dem Wurzelgemüse pürieren und nochmals wärmen. Schlagsahne einrühren und abschmecken. Den Bindfaden vom Braten lösen und das Fleisch in gleichmäßige Scheiben schneiden. Braten auf dem Bratensaft mit den Tomaten anrichten und servieren.

Senf-Zwiebel-Braten

1 kg Rinderbraten
50 g scharfer Senf
etwas Salz
etwas bunter Pfeffer aus der Mühle
50 ml Pflanzenöl
400 g Zwiebeln
250 ml klare Rindsuppe (siehe Seite 19)
1 TL Aprikosen- oder Erdbeerkonfitüre nach Wunsch
40 g saure Sahne

❊ Beilagenempfehlung:
Zu einem Bratensaft dieser Art passend können immer Spätzle oder Nockerl serviert werden, welche durch Kräuter oder auch durch die Zugabe von buntem, passiertem Gemüse wie Karotten zu einer echten Spezialität werden.

1 Braten mit Senf, Salz und Pfeffer gut würzen.

2 Öl in der Bratenreine erhitzen und Braten rundum anbraten.

3 Die Zwiebeln schälen und grob schneiden. Zum Braten geben und mit Suppe aufgießen.

4 Braten bei 150 °C Ober- und Unterhitze ca. 1 Stunde und 20 Minuten langsam zugedeckt braten und dabei immer wieder mit dem Bratensaft übergießen.

5 Nach Ende der Garzeit Braten aus der Reine nehmen und zugedeckt 15 Minuten im Backofen nachziehen lassen.

6 Mit einem Pürierstab den Zwiebelsaft fein pürieren und würzig abschmecken.

7 Wenn nötig noch mit Senf nachwürzen und vielleicht mit einer kleinen süßen Gabe einer Konfitüre abrunden.

8 Die saure Sahne gut verrühren und in den sämigen Saft einrühren, aber nicht mehr aufkochen.

9 Bratenstück quer zur Faser aufschneiden und auf dem Senfsaft anrichten.

❊ Tipp: Der Markt bietet eine große Vielfalt an Senfspezialitäten in verschiedenen Geschmacksrichtungen an, welche immer wieder zu neuen Geschmackserlebnissen führen.

Kalbsbraten mit Rohschinken-Kartoffel-Fülle

1 kg Kalbsbratenstück (vom Schlögel)
etwas Salz und Pfeffer
4 EL Pflanzenöl (Rapsöl)
50 g Rohschinken
250 ml klare Rindsuppe (siehe Seite 19)

700 g Kartoffeln, mehligkochend
50 g Butter
50 g Weizengrieß
50 g Weizenmehl
2 Eier
etwas Salz
1 Prise Muskat
1/2 TL Thymianblätter
50 g Emmentaler gerieben

Beilagenempfehlung: Zusätzlich zur Kartoffelfülle bzw. den mitgebratenen Knödeln kann geschmortes Gemüse der Saison serviert werden.

Tipp: Diese Art der Fülle harmoniert auch sehr gut mit Rind- oder Lammfleisch.

1 Die Kartoffeln in der Schale kochen, schälen und überkühlen lassen.

2 Das Fleischstück mit einem scharfen Messer einmal der längs der Fleischfasern zu einer Platte aufschneiden (Anleitung siehe Seite 16f). Mit Salz und Pfeffer würzen und mit den Rohschinkenscheiben gleichmäßig belegen.

3 Die geschälten Kartoffeln durch die Kartoffelpresse drücken. Die restlichen Zutaten für die Fülle dazugeben, rasch zu einem Kartoffelteig verkneten und würzig abschmecken. Die Hälfte davon über die Mitte der vorbereiteten, belegten Fleischplatte verteilen. Die Fleischplatte zusammenklappen und die Fleischenden mit Rouladennadeln verschließen. Braten nun auch außen mit Salz und Pfeffer würzen.

4 Öl in einer Bratenpfanne erhitzen und Braten darin rundum anbraten. Mit der Hälfte der Rindsuppe aufgießen.

5 Braten bei 150 °C Ober- und Unterhitze ca. 1 Stunde und 20 Minuten langsam braten und bei Bedarf Suppe nachgießen. Braten während der Bratzeit mehrmals mit dem entstandenen Bratensaft übergießen.

6 Die restliche Kartoffelfülle zu Knödeln formen und 30 Minuten vor Bratzeitende in die Bratenreine legen und mitbraten. Nach Ende der Garzeit Braten aus der Reine nehmen und zugedeckt 15 Minuten im Backofen nachziehen lassen.

7 Die Rouladennadeln vom Braten entfernen, den saftigen Braten mit einem scharfen Messer in Scheiben schneiden und mit den mitgebratenen Kartoffelknödeln servieren.

Apfel-Most-Braten

3 Knoblauchzehen
200 g Zwiebeln
100 g magerer Speck
1 kg Hüferl
etwas Zitronensalz
etwas Pfeffer
50 g Schweineschmalz
250 ml Apfelmost
300 g Äpfel

1 Apfel
20 g Butter
60 g Preiselbeeren

Beilagenempfehlung:
Flaumige Quark-Grieß-Nockerl oder selbstgemachte Gnocchi sind bewährte Beilagenempfehlungen für diesen süß-säuerlichen Braten.

1. Knoblauch und Zwiebeln schälen und fein hacken. Speck in kleine Würfel schneiden.
2. Bratenfleisch mit Salz und Pfeffer würzen. Das gewürzte Fleisch in heißem Schweineschmalz rundum scharf anbraten, aus der Pfanne nehmen und warm stellen.
3. Im Bratrückstand Speck, Zwiebeln und Knoblauch goldbraun rösten. Mit Apfelmost aufgießen und das Fleisch wieder einlegen.
4. Im Backofen bei 150 °C Ober- und Unterhitze 1 Stunde und 20 Minuten langsam garen.
5. Die Äpfel mit der Schale raspeln und nach 50 Minuten zum Bratensaft geben, immer wieder umrühren und den Braten mit Saft übergießen.
6. Durch das Umrühren entsteht durch die gut gegarte Zwiebel und die feinen Äpfel ein leicht sämiger natürlicher Saft.
7. Nach Ende der Garzeit Braten im ausgeschalteten Backofen noch 15 Minuten nachziehen lassen.
8. Inzwischen den Apfel in 1 cm breite Scheiben schneiden und in Butter beidseitig leicht bräunlich anbraten.
9. Braten mit einem scharfen Messer in Scheiben schneiden und auf dem Saft mit Apfelscheiben und Preiselbeeren anrichten.

Tipp: Als Obst könnten ebenso heimische Aprikosen, Pfirsiche oder Nektarinen Verwendung finden und in der kalten Jahreszeit getrocknete Früchte.

Roastbeefrolle mit Kräutern

40 g frische Gartenkräuter, gemischt (Salbei, Petersilie, Basilikum, Thymian ...)
1 kg Beiried
etwas Zitronensalz
etwas weißer Pfeffer
40 g Honigzwiebeln, fein
50 ml Pflanzenöl
250 ml klare Suppe zum Aufgießen (siehe Seite 19)

❊ **Beilagenempfehlung:** Hübsch und herzhaft dazu sind Maisgrießknödel.

1 Die Kräuter von den Stängeln entfernen und fein schneiden.

2 Fleischstück zu einer gleichmäßig dicken Platte aufschneiden (Anleitung siehe Seite 16f). Diese schön auseinanderlegen und mit Salz und Pfeffer würzen. Mit den Honigzwiebeln gleichmäßig bestreichen. Die gehackten Kräuter darauf gleichmäßig verteilen.

3 Braten sorgfältig einrollen und mit einem Bindfaden über die ganze Länge binden (Anleitung siehe Seite 17f).

4 Öl in der Bratenreine erhitzen und Rollbraten rundum scharf und kurz anbraten.

5 Braten bei 120 °C Ober- und Unterhitze 1 Stunde und 30 Minuten langsam braten.

6 Dabei immer wieder mit Suppe und später mit Bratensaft übergießen.

7 Nach Ende der Garzeit Braten noch 15 Minuten im Backofen nachziehen lassen.

8 Bindfaden entfernen und Braten mit einem scharfen Messer zu schönen Scheiben aufschneiden. Mit dem Natursaft anrichten.

❊ **Tipp:** Für die Honigzwiebeln 3 EL Honig leicht erhitzen und fein geschnittene Zwiebeln darin 3–5 Minuten dünsten. Dieses süß-pikante Geschmackswunder eignet sich außerdem prima als Beilage zu Braten und Gegrilltem. In diesem Fall ganze, kleinere Zwiebeln verwenden.

Porchetta Austria

(Bauchfleischrolle mit Knoblauch, Kümmel-Kräuter-Füllung und knackiger Kruste)

1 kg Bauchfleisch vom Schwein
6 Knoblauchzehen
40 g frische Kräuter (Salbei, Strauchbasilikum, Thymian, Estragon usw.)
etwas Kräutersalz
etwas Pfeffer
10 g Kümmel, gemahlen
250 ml klare Suppe zum Aufgießen (siehe Seite 19)

❊ **Beilagenempfehlung:** Mitgebratenes Ofengemüse passt immer sehr gut. Aber auch würzige Stampfkartoffeln sind eine einfache, aber erlesene Beilage zu diesem Braten.

1 Schweinebauch mit Schwarte mit einem sehr scharfen und langen Messer zu einer schönen großen Fleischplatte aufschneiden (Anleitung siehe Seite 16f).

2 Knoblauch schälen und fein schneiden, Kräuter von den Stängeln befreien und ebenso schneiden.

3 Fleischplatte mit Kräutersalz und Pfeffer gut würzen. Mit Knoblauch, Kräutern und Kümmel bestreuen.

4 Fleischplatte zur Schwarte hin einrollen und mit mehreren Rouladennadeln fixieren. Braten in eine Bratenreine legen und mit der Suppe aufgießen.

5 Braten bei 150 °C Ober- und Unterhitze ca. 1 Stunde und 20 Minuten langsam braten.

6 Nach der Hälfte der Garzeit die Schwarte fein einschneiden und die Seite zum Fertigbraten nach oben legen, damit eine knackige Kruste entsteht.

7 Das Backofen für 10 Minuten auf 200 °C aufheizen und damit die Krustenbildung unterstützen.

8 Danach Braten noch 15 Minuten im Backofen nachziehen lassen.

9 Rouladennadeln entfernen, Porchetta in Scheiben aufschneiden und mit dem rustikalen Natursaft servieren.

❊ **Tipp:** Dieser Braten kann sehr gut auch am Grill mit indirekter Garstufe zubereitet werden, wobei der Saft in einer geschlossenen Grillschale unter dem Braten aufgefangen wird.

Hirsch in dunkler Rotweinsauce

1 kg Hirschbraten
etwas Steinpilzsalz oder Fichtennadelsalz
etwas Pfeffer aus der Mühle
100 g Karotten
100 g Pastinake
100 g Knollensellerie
100 g Zwiebeln
50 g Schweineschmalz
150 ml klare Suppe zum Aufgießen (siehe Seite 19)
150 ml Rotwein
30 g Zartbitterschokolade

❊ **Beilagenempfehlung:**
Selbstgemachte Kroketten oder Schupfnudeln sowie ein Kastanienrotkohl sind tolle Ergänzungen zu diesem wunderbaren Braten.

1 Fleischstück mit Salz und Pfeffer aus der Mühle würzen.

2 Das Wurzelgemüse und die Zwiebeln schälen und in größere Stücke schneiden.

3 Schmalz in der Bratenreine erhitzen und den Braten rundum scharf anbraten.

4 Das Gemüse dazugeben und mit Suppe aufgießen.

5 Braten bei 140 °C Ober- und Unterhitze ca. 2 Stunden langsam braten und dabei immer wieder mit dem Bratensaft übergießen.

6 Nach Ende der Garzeit den Braten auf einen Teller legen und zugedeckt im Backofen nachziehen lassen.

7 Rotwein zum Gemüse geben und alles gemeinsam mit einem Pürierstab fein pürieren.

8 Die Bitterschokolade zum Saft geben und darin auflösen.

9 Bratensaft gut und rund abschmecken und mit Bratenscheiben anrichten.

❊ **Tipp:** Wer lieber Natursaft mag, schneidet das Gemüse feinwürfelig. Dann muss der Saft nicht passiert werden, was auch ein wunderbares Essgefühl zulässt.

Hüferl mit Pflaumen und Zwiebeln

10 g Pfefferkörner
1 kg Hüferl
etwas Zitronensalz
etwas Pfeffer
50 g Schweineschmalz oder Pflanzenöl
250 g rote Zwiebeln
250 g Pflaumen
8 Gewürznelken
1 Zimtstange
3 Zweige Thymian
125 ml klare Suppe zum Aufgießen (siehe Seite 19)
125 ml Pflaumensaft

❊ **Beilagenempfehlung:**
Für einen besonderen Essgenuss mit voller Geschmacksharmonie werden Kartoffel-Walnuss-Knödel als Beilage gereicht.

1. Pfefferkörner in einer kleinen Pfanne rösten, bis sie zu duften beginnen. Anschließend im Mörser fein mörsern.
2. Fleischstück mit Salz und Pfeffer würzen.
3. Schmalz oder Öl in der Bratenreine erhitzen und den Braten darin rundum scharf anbraten.
4. Die Zwiebeln schälen und je nach Größe vierteln bzw. achteln.
5. Die Pflaumen halbieren und entkernen.
6. Zwiebeln und Pflaumen mit den Gewürznelken, der Zimtstange und dem Thymian zum Braten geben und mit Suppe und Pflaumensaft aufgießen.
7. Diesen Braten bei 140 °C Ober- und Unterhitze ca. 2 Stunden langsam braten und dabei immer wieder mit Saft begießen. Danach Braten noch 15 Minuten im Backofen nachziehen lassen.
8. Die Gewürze aus dem Bratensaft nehmen und Saft würzig abschmecken.
9. Braten aufschneiden und mit Pflaumen, Zwiebeln und Bratensaft anrichten.

❊ **Tipp:** Alte Pflaumensorten wie die Hauszwetschge geben natürlich einen ganz besonderen Geschmack.

Lammbraten mit Tomaten

1 kg Bratenstück vom Schlögel
etwas Knoblauchsalz
etwas weißer Pfeffer
50 ml Pflanzenöl
5 Knoblauchzehen
1 scharfe Peperoni
1 Zweig Salbei
125 ml passierte Tomaten
250 ml klare Suppe
zum Aufgießen (siehe Seite 19)
100 g Cocktailtomaten

❊ Beilagenempfehlung:
Lamm, Tomaten und Tomatensaft verlangen als Beilage natürlich gedünsteten Reis, ganz herkömmlich mit einer Nelkenzwiebel zubereitet.

1 Das Bratenstück mit Salz und Pfeffer würzen.

2 Öl in der Bratenreine erhitzen und Fleisch rundum scharf anbraten.

3 Die Knoblauchzehen schälen und blättrig schneiden. Die Peperoni einmal der Länge nach quer durchschneiden und entkernen. Knoblauch, Peperoni und Salbei zum Braten geben und mit passierten Tomaten übergießen.

4 Mit der Suppe nachgießen und Braten bei 160 °C Ober- und Unterhitze ca. 1 Stunde und 20 Minuten zu schöner brauner Farbe braten.

5 Dabei immer wieder mit dem Saft des Bratens übergießen.

6 Die Cocktailtomaten entstielen, waschen, die letzten 30 Minuten in den Bratensaft legen und mitgaren.

7 Braten danach noch 15 Minuten im Backofen nachziehen lassen.

8 Bratensaft würzig abschmecken und mit dem saftigen Lammbraten und den weichen Tomaten anrichten.

❊ Tipp: Für dieses Gericht kann sehr gut ein Lammschlögel im Ganzen verwendet werden.

Kalbsnuss mit Äpfeln und Kastanien

2 Äpfel
100 g rote Zwiebeln
250 g gekochte Edelkastanien
etwas Salz
etwas weißer Pfeffer

1 kg Kalbsnuss
30 ml Öl
250 ml klare Suppe zum Aufgießen (siehe Seite 19)
2 Äpfel zum Mitbraten
100 g bunte Cocktailtomaten
10 g Estragon oder Zitronenmelisse

❊ **Beilagenempfehlung:** Kleine, feine Kipferlknödel sind zu diesem süß-pikanten Braten eine optimale Beilage.

❊ **Tipp:** Anstelle der Edelkastanien können auch passierte Feuerbohnen verwendet werden, welche ein sehr guter regionaler Ersatz sind.

1 Die Äpfel mit der Schale grob raspeln. Zwiebeln schälen und feinwürfelig schneiden. Kastanien mit einer Gabel zerdrücken und mit den Äpfeln und Zwiebeln gut verrühren.

2 Fülle mit Salz und etwas Pfeffer würzen und gut abschmecken.

3 Das Fleischstück in der Mitte quer durch mit einem Messer kräftig einschneiden, sodass eine Tasche zum Füllen entsteht.

4 Die Fülle von beiden Seiten in die Öffnung drücken, damit das Fleischstück gleichmäßig gefüllt ist.

5 Öl in der Bratenreine erhitzen und Braten darin rundum anbraten.

6 Mit klarer Suppe aufgießen und bei 150 °C Ober- und Unterhitze ca. 1 Stunde und 20 Minuten langsam braten.

7 Die Äpfel mit der Schale in ca. 2 cm dicke Scheiben schneiden und nach der halben Garzeit in den Bratensaft legen.

8 Zum Schluss die halbierten Cocktailtomaten und Estragon oder Zitronenmelisse zum Braten legen und nach Ende der Garzeit Braten noch 15 Minuten im Backofen nachziehen lassen.

9 Braten aufschneiden, mit Bratensaft, Apfelscheiben, warmen Tomaten und frisch gehackten Kräutern anrichten.

Rosa Rehrücken mit Speck

1 Rehrücken, ganz (ca. 1,5 kg)
etwas Salz
etwas Pfeffer
2 EL Pflanzenöl
75 g Speck, durchwachsen
100 g rote Zwiebeln
2 Knoblauchzehen
20 g kalte Butter

❊ **Beilagenempfehlung:**
Feine Butterbandnudeln mit einer heißen Pilz-Preiselbeer-Sauce machen dieses Gericht zu einem Festtagsessen.

1 Rehrücken von anhaftender Haut und Sehnen befreien und mit Salz und frisch gemahlenem Pfeffer einreiben.

2 Öl in einer passenden Pfanne erhitzen und den Rehrücken auf allen Seiten kurz anbraten.

3 Die Fleischseite des Rehrückens mit dem hauchdünn geschnittenen Speck belegen und im Backofen 10 Minuten bei 230 °C Ober- und Unterhitze braten. Dann die Backofentüre öffnen und auf 100 °C zurückschalten.

4 Zwiebeln schälen und vierteln, Knoblauch ebenso schälen, beides zum Braten in die Reine legen.

5 Wenig Wasser untergießen und unter ständigem Begießen ca. 25 Minuten weiterbraten, wobei das Fleisch zartrosa werden sollte.

6 Rehrücken aus dem Ofen nehmen.

7 Die beiden Rückenfilets mit einem scharfen Messer der Länge nach vom Mittelknochen lösen und behutsam abschneiden. Filets quer zur Faser in nicht zu dünne Scheiben schneiden und zum Servieren wieder auf dem Knochengerüst in Form bringen.

8 Bratensatz erhitzen und die kalte Butter einrühren.

9 Zum Braten in einer Sauciere servieren.

❊ **Tipp:** Den Eigengeschmack vom Rehrücken durch möglichst wenige Gewürze erhalten, wobei auch Salz und Pfeffer mäßig verwendet werden sollten.

Gamsschlögel mit kräftigem Wurzelgemüse

1 TL Pfefferkörner, bunt
etwas Steinpilzsalz
1 Gamsschlögel
70 g Schweineschmalz
6 Wacholderbeeren
4 Lorbeerblätter, ganz
250 ml klare Wildsuppe zum Aufgießen (siehe Seite 19)
200 g Zwiebeln
100 g Karotten
100 g Sellerie
100 g Lauch

⁘ Beilagenempfehlung:
Zu diesem rustikalen Braten werden sehr gerne Kartoffel-Pilz-Knödel serviert.

1. Pfefferkörner in einer kleinen Pfanne trocken rösten, bis sie zu duften beginnen.
2. Danach in einem Mörser fein mörsern und mit Salz vermengen.
3. Den Gamsschlögel damit rundum würzen.
4. Das Schweineschmalz auf das Backblech geben und im Backofen bei geringer Hitze schmelzen.
5. Gewürzten Gamsschlögel darauflegen, die Wacholderbeeren und Lorbeerblätter dazugeben und mit Wildsuppe übergießen.
6. Schlögel bei 140 °C Ober- und Unterhitze 2 Stunden langsam braten.
7. Das Gemüse schälen, in bissgerechte Stücke schneiden und nach 1 Stunde Bratzeit um den Braten verteilen. Den Gamsschlögel dabei immer wieder mit Bratensaft übergießen.
8. Den gebratenen Schlögel nach Ende der Garzeit noch 15 Minuten im Backofen nachziehen lassen.
9. Fleisch in beliebige Stücke aufschneiden und mit dem Gemüse und dem würzigen Bratensaft anrichten.

⁘ Tipp: Dieser überaus rustikale Braten könnte, wenn vorhanden, in einer großen emaillierten Bratenreine im Holzofen zubereitet und auch so zu Tisch gebracht werden.

Saftiger Whiskybraten

10 g Pfefferkörner, bunt
1 kg Hüferl
etwas Salz
etwas Pfeffer
50 g Schweineschmalz oder Butterschmalz
1 Bund Frühlingszwiebeln
250 ml klare Rindssuppe (siehe Seite 19)
30 g Honig
40 ml Whisky

❊ **Beilagenempfehlung:**
Zu diesem besonderen würzigen Saft gekochte Kartoffelnockerl mit etwas geriebenem Hartkäse servieren.

1 Die Pfefferkörner in einer kleinen Pfanne trocken rösten, bis sie zu duften beginnen. Danach fein mörsern.

2 Das Bratenstück mit Salz und Pfeffer würzen.

3 Schmalz in der Bratenreine erhitzen und Fleisch rundum anbraten.

4 Die Frühlingszwiebeln in Ringe schneiden und mit der Suppe zum Braten geben.

5 Braten bei 150 °C Ober- und Unterhitze ca. 1 Stunde und 20 Minuten langsam braten.

6 20 Minuten vor Bratzeitende Bratenoberfläche mit Honig bestreichen.

7 Den Whisky zum Bratensaft geben und diesen würzig abschmecken.

8 Nach Ende der Garzeit den Braten noch 15 Minuten im Backofen nachziehen lassen.

9 Braten in schöne Scheiben schneiden und mit der Whisky-Zwiebel-Sauce anrichten.

❊ **Tipp:** Butterschmalz verträgt eine höhere Temperatur und gibt dem Bratensaft einen wunderbaren, feinen Buttergeschmack.

Lammschlögel

4 Knoblauchzehen
5 Wacholderbeeren
1 TL Thymian
1 TL Kümmel, gemahlen
etwas Salz
etwas Pfeffer
1 Lammschlögel, ausgelöst (ca. 800 g)
50 g Butterschmalz
500 ml Lammbrühe oder Suppe zum Aufgießen (siehe Seite 19)
800 g Kartoffeln, festkochend
300 g Karotten
150 g Sellerie
etwas klare Suppe zum Aufgießen
150 g Speck, durchzogen

❊ Beilagenempfehlung:
Ein feiner, warmer Speckkohlsalat wäre noch ein optimaler Speisenbegleiter.

1 Knoblauch schälen und fein schneiden. Die Wacholderbeeren mit dem Mörser zerkleinern. Knoblauch, Wacholder, Thymian, Kümmel mit Salz und Pfeffer vermengen und Braten damit gut würzen.

2 Schmalz in der Bratenreine erhitzen und Fleisch darin rundum anbraten.

3 Mit Lammbrühe oder Suppe etwas aufgießen und Braten im Backofen bei 160 °C Ober- und Unterhitze 1 Stunde und 10 Minuten braten.

4 Die Kartoffeln waschen und mit der Schale in 1 cm dicke Scheiben schneiden. Die Karotten und den Sellerie ebenso vorbereiten.

5 Das Gemüse nach 30 Minuten zum Braten geben und bei Bedarf noch mit etwas Suppe aufgießen.

6 Gemüse leicht salzen.

7 Speck feinwürfelig schneiden und über den Braten streuen.

8 Braten fertiggaren und dann noch 15 Minuten im ausgeschalteten Backofen nachziehen lassen.

9 Den Braten aufschneiden und in die Bratenreine zurücklegen. Gericht dann im Ganzen in der Bratenreine zu Tisch bringen, was mit den bunten Beilagen sehr appetitlich aussieht.

❊ Tipp: Ein sehr schönes Gericht, wenn Gäste kommen, da Fleisch und Beilage in einem Arbeitsgang zubereitet werden.

Hirschbraten mit Grünkohl und roter Zwiebel

1 kg Hirschbraten
etwas Steinpilzsalz
etwas bunter Pfeffer aus der Mühle
50 g Schweineschmalz oder Butterschmalz
4 Lorbeerblätter, ganz
5 Wacholderbeeren
5 Pimentkörner
250 ml Wildbrühe oder klare Suppe zum Aufgießen (siehe Seite 19)
150 g rote Zwiebeln
350 g Rüben, z. B. Steckrüben oder Chioggia Rüben
350 g Grünkohl
20 g Hagebuttenkonfitüre

1. Hirschbraten mit Salz und Pfeffer würzen.
2. Schmalz in der Bratenreine erhitzen und Fleisch rundum rasch anbraten.
3. Die Gewürze dazugeben und mit Wildbrühe oder Suppe aufgießen.
4. Braten bei 160 °C Ober- und Unterhitze 1 Stunde und 20 Minuten langsam braten.
5. Die Zwiebeln und die Rübe schälen und je nach Größe vierteln oder achteln.
6. Vom Grünkohl die festen äußeren Blätter abschneiden und Kohl danach achteln.
7. Das Gemüse rund um den Braten legen und mitgaren.
8. Zum Schluss die Hagebuttenkonfitüre unter den Bratensaft rühren und würzig abschmecken.
9. Braten nach Ende der Garzeit noch 15 Minuten im Backofen nachziehen lassen. Aufschneiden und mit dem Gemüse und dem Natursaft anrichten.

Beilagenempfehlung: Natursäfte brauchen samtige Beilagen, die den Saft gut aufnehmen können. Darum passt zu diesem Gericht ein Püree aus Kartoffeln, Kürbis oder auch Sellerie bzw. eine Mischung daraus.

Tipp: Dieser Braten ist ein typisches Wintergericht, wobei das Gemüse je nach Jahreszeit z. B. durch Kürbis, Brokkoli oder Blumenkohl ersetzt werden kann.

Festtagsbraten mit Speck und Mandeln

1 kg Beiried
etwas Zitronensalz
etwas weißer Pfeffer
etwas Thymian
70 g Rohschinken
60 g Rosinen
60 g Mandelblättchen
50 g Butterschmalz
250 ml klare Suppe zum Aufgießen (siehe Seite 19)
800 g Kartoffeln, festkochend
etwas Chilisalz

⁘ Beilagenempfehlung: Geraspelter Salat von gekochten Roten Rüben mit etwas Meerrettich ist dazu eine erfrischende Beilage.

1 Beiried mit einem scharfen Messer zu einer gleichmäßigen Platte aufschneiden (Anleitung siehe Seite 16f). Mit Salz, Pfeffer und Thymian würzen.

2 Mit den Rohschinkenscheiben gleichmäßig belegen und mit Rosinen und Mandelblättchen bestreuen.

3 Braten eng einrollen und mit einem Bindfaden gleichmäßig zusammenhalten.

4 Braten nun auch außen gut würzen.

5 Butterschmalz in der Bratenreine zerlassen und Braten einlegen.

6 Mit der Suppe aufgießen und bei 160 °C Ober- und Unterhitze ca. 1 Stunde und 10 Minuten braten.

7 Inzwischen die Kartoffeln schälen und in Spalten schneiden.

8 Nach 30 Minuten Garzeit zum Braten geben und leicht mit Chilisalz bestreuen. Den Braten während des Garens immer wieder mit Bratensaft übergießen, damit dieser schön saftig bleibt. Am Ende der Garzeit Braten noch 15 Minuten im Backofen nachziehen lassen.

9 Bindfaden entfernen und Braten in schöne Scheiben schneiden. Mit dem Natursaft und den würzigen Kartoffeln anrichten.

⁘ Tipp: In der Winterzeit eignen sich im Besonderen Trockenfrüchte zum Füllen, hingegen wird es im Sommer eine Fülle aus Kräutern oder auch einmal aus Paprikaschoten sein.

Lammkrone mit Knollenfenchel

1 Lammkrone
etwas Kräutersalz
etwas weißer Pfeffer
40 ml Pflanzenöl
1/2 TL Fenchelsamen
1 Rosmarinzweig
1 Stück Knollenfenchel
200 g rote Zwiebeln
125 ml Weißwein

❋ **Beilagenempfehlung:**
Safranreis ist die ideale Beilage zu diesem Braten mit Weißweinsauce und saisonalem Gemüse.

1 Die Lammkrone mit Salz und Pfeffer würzen.

2 Öl in der Bratenreine erhitzen und Lammkrone hineinsetzen.

3 Fenchelsamen und Rosmarinzweig dazugeben.

4 Knollenfenchel wenn nötig putzen und in 8 Spalten schneiden.

5 Zwiebeln schälen und je nach Größe vierteln oder achteln.

6 Gemüse ebenso zum Lamm geben und mit Weißwein aufgießen.

7 Lammkrone bei 160 °C Ober- und Unterhitze ca. 1 Stunde langsam braten und dabei immer wieder mit dem Bratensaft bzw. Bratwein übergießen.

8 Am Ende der Garzeit nochmals 15 Minuten im ausgeschalteten Backofen nachziehen lassen.

9 Lammkrone im Ganzen zu Tisch bringen und erst dort portionieren.

❋ **Tipp:** Ein sehr feines Essen, bei dem auch ein Teil des Gemüses püriert und mit Schlagsahne verfeinert werden kann.

Putenbrust mit Mais-Pfirsich-Kruste

250 g Maiskörner, tiefgefroren
1 großer Pfirsich
2 Eier
Saft von 1/2 Bio-Zitrone
50 g Parmesan
1 EL Kräuter (Zitronenmelisse, Basilikum, Estragon ...)
30 g Semmelbrösel
1 kg Putenbrust
etwas Salz
50 g Butter
250 ml klare Suppe zum Aufgießen (siehe Seite 19)
1 Pfirsich

⁂ Beilagenempfehlung:
Als optische Abstimmung wird in Butter geschwenkter Brokkoli serviert.

1. Die Maiskörner auftauen lassen. Für die Kruste den Mais mit dem Pürierstab grob pürieren.
2. Pfirsich enthäuten, entkernen und in Spalten schneiden. Eier und Pfirsichspalten zum Mais geben und weiter pürieren. Zitronensaft, fein gehobelten Parmesan und Kräuter dazugeben und alles gut verrühren.
3. Zuletzt die Brösel hinzufügen, unterrühren, abschmecken und 10 Minuten durchziehen lassen.
4. Das Fleischstück mit Salz würzen.
5. Butter in der Bratenreine schmelzen und Braten einlegen. Die Oberfläche mit der Maismasse gleichmäßig bedecken, wobei sie nicht glatt zu sein braucht.
6. Mit der Suppe aufgießen und bei 160 °C Ober- und Unterhitze ca. 1 Stunde und 10–20 Minuten langsam braten. Den Braten während der Garzeit hin und wieder mit Bratensaft übergießen.
7. Den Pfirsich schälen und entkernt in kleine Würfel schneiden. Diese 20 Minuten vor Garzeitende in den Bratensaft geben.
8. Nach Ende der Garzeit den Braten noch 15 Minuten im Backofen nachziehen lassen.
9. Aufschneiden und mit dem entstandenen Pfirsich-Bratensaft anrichten.

⁂ Tipp: Diese Kruste kann für Maisliebhaber sehr gut auch als Fülle für ein Hähnchen genossen werden.

Straußenbraten mit Gösser Stiftsbräu

4 Knoblauchzehen
2 EL Pfefferkörner
500 ml Gösser Stiftsbräu
(oder anderes dunkles Bier)
80 g brauner Zucker
je 1 Msp. Zimt, Nelken und Piment, gemahlen
etwas Salz
50 g Tomatenmark
1 kg Straußensteakfleisch
je 100 g Lauch, Sellerie und Karotten
50 ml Rapsöl

⁜ **Beilagenempfehlung:**
Hausgemachte Kartoffelnudeln und buntes Kürbisgemüse sowie Wurzel- oder Kohlgemüse sind perfekte Beilagen zu diesem einzigartigen Braten.

1. Knoblauch schälen und fein schneiden. Pfefferkörner in einer kleinen Pfanne rösten, bis sie zu duften beginnen. Danach im Mörser fein mörsern.
2. Mit Bier, braunem Zucker, den anderen Gewürzen und dem Tomatenmark verrühren.
3. Das Straußensteakfleisch darin 12 Stunden zugedeckt im Kühlschrank marinieren.
4. Lauch, Sellerie und Karotten entsprechend vorbereiten und fein schneiden.
5. Nach dem Marinieren Rapsöl gut erhitzen und das ganze Fleischstück darin auf allen Seiten gut anbraten. Danach in eine Bratenreine legen.
6. Das vorbereitete Wurzelgemüse in die Bratpfanne geben und gut durchrösten. Mit der Biermarinade aufgießen.
7. Kurz dünsten, bis sich die Röststoffe gelöst haben.
8. Alles über das Fleisch gießen und im Backofen bei 80 °C Ober- und Unterhitze 4–5 Stunden bei Niedrigtemperatur braten. Die Kerntemperatur sollte 60 °C betragen, wenn das Gericht serviert wird und das Fleisch noch leicht rosa ist.
9. In feinen Scheiben aufschneiden und mit jahreszeitlichen Beilagen und dem Bratensaft servieren.

⁜ **Tipp:** Andere Fleischstücke vom Strauß können natürlich auch als schmackhafte Braten zubereitet werden, wobei die Bratentemperatur dann 150–160 °C beträgt und die Bratzeit natürlich entsprechend verkürzt wird.

Hirschbraten mit heimischen Feigen

1 kg Schlögel vom Junghirsch
etwas Steinpilzsalz
etwas weißer Pfeffer
50 ml Pflanzenöl
5 Wacholderbeeren
5 Pimentkörner
3 Lorbeerblätter
1/2 TL Bergthymian
250 ml klare Suppe
zum Aufgießen (siehe Seite 19)
200 g rote Zwiebeln
150 g trockene oder 300 g
frische Feigen
Saft und Schale von
1 Bio-Orange

❊ **Beilagenempfehlung:**
Jedenfalls einen Versuch wert: Kartoffelknödel in feinen Walnüssen gewälzt.

1 Das Fleischstück mit Salz und weißem Pfeffer würzen.

2 Öl in der Bratenreine erhitzen und Braten rundum scharf anbraten.

3 Die restlichen Gewürze zufügen und mit der Suppe aufgießen.

4 Die Zwiebeln schälen und fein schneiden. Die Feigen vierteln und mit den Zwiebeln zum Braten geben.

5 Braten bei 160 °C Ober- und Unterhitze gut 1 Stunde braten. Den Braten hin und wieder mit dem Bratensaft übergießen, damit dieser schön saftig bleibt.

6 Die Schale und den Saft der Orange 10 Minuten vor Bratzeitende zum Braten geben und gut umrühren.

7 Nach Ende der Bratzeit den Braten im Backofen noch 15 Minuten nachziehen lassen.

8 Fleischstück aufschneiden und auf dem Bratensaft anrichten.

9 Die Feigen als feine Beilage mitservieren und mit frischem Thymian verzieren.

❊ **Tipp:** Für einen weihnachtlichen Braten könnten auf diese Art auch mit Nüssen und Konfitüre gefüllte Äpfel mitgebraten werden.

Verwertung von Bratenresten

MIT BEILAGENEMPFEHLUNGEN

Schweinebratensalat

250 g Schweinebraten
200 g Äpfel
80 g Zwiebel
100 g Essiggurken
etwas Salz
etwas weißer Pfeffer
5 EL Weißweinessig
3 EL kaltgepresstes Öl

❊ **Beilagenempfehlung:**
Herzhaftes Bauernbrot oder Roggenbrot sind ein optimaler Begleiter für Fleischsalate.

1 Fleisch mit der Schneidmaschine oder einem scharfen Messer in feine Scheiben aufschneiden.

2 Äpfel halbieren, entkernen und in kleine Würfel schneiden.

3 Zwiebel schälen und fein schneiden.

4 Essiggurken ebenso in feine Würfel schneiden.

5 Alle Zutaten in eine Schüssel geben und marinieren.

6 Salat im Kühlschrank gut 2 Stunden durchziehen lassen.

7 Salat nochmals kosten und wenn nötig nachwürzen.

8 Danach mit Apfelspalten und Essiggurken anrichten.

❊ **Tipp:** Wenn das Bratenstück mit der Maschine nicht zu schneiden geht, dann einfach in kleine Würfel schneiden.

Bunter Rinderbratensalat

250 g Rinderbraten
100 g saure Peperoni
1/2 rote Paprika
250 g Feuerbohnen, gekocht
3 EL Kürbiskernöl
5 EL Apfelessig
etwas Salz
etwas Pfeffer aus der Mühle

❊ **Beilagenempfehlung:**
Vollkornbrot oder Vollkornweckerl mit reichlich Ölsaaten werten diesen Salat auch hinsichtlich der Nährstoffe auf.

1 Rinderbraten mit der Schneidmaschine oder einem scharfen Messer in feine Scheiben schneiden.

2 Die Peperoni in kleine Stücke schneiden.

3 Paprikaschote waschen, halbieren, entkernen und in kleine Stücke schneiden.

4 Das gesamte Gemüse mit dem Rinderbraten leicht vermischen.

5 Aus Kürbiskernöl, Apfelessig, Salz und Pfeffer eine Marinade rühren und über den Salat gießen.

6 Diesen mit zwei Gabeln vorsichtig durchrühren und im Kühlschrank 2 Stunden durchziehen lassen.

7 Salat nochmals kosten und wenn nötig nachwürzen.

❊ **Tipp:** Als Garnitur kann natürlich auch ein hartgekochtes Ei Platz finden, welches geschmacklich optimal dazu passen würde.

Bratenaufstrich

250 g Braten vom Rind, Schwein oder Wild
100 g rote Zwiebeln
100 g Essiggurken
125 ml Crème fraîche natur
125 ml saure Sahne
etwas Salz
etwas Pfeffer aus der Mühle
Fruchtgemüse und Kräuter zum Garnieren

❊ **Beilagenempfehlung:**
Dieser Aufstrich wird als Jause auf ein herzhaftes Körnerbrot gestrichen oder mit Getreidechips als Dipvariante serviert.

1 Die Bratenstücke mit dem Fleischwolf oder einem Cutter faschieren bzw. fein zerkleinern.

2 Rote Zwiebeln schälen und feinwürfelig schneiden.

3 Ebenso die Essiggurken feinwürfelig schneiden.

4 Crème fraîche mit saurer Sahne und den Gewürzen gut verrühren.

5 Gemüse und gehacktes Bratenfleisch zufügen und gut verrühren.

6 Im Kühlschrank gut 1 Stunde durchziehen lassen.

7 Nochmals würzig abschmecken und mit Fruchtgemüse und Kräutern servieren.

❊ **Tipp:** Wird der Aufstrich aus Wildfleisch zubereitet, können die Essiggurken durch etwas Preiselbeerkonfitüre ersetzt werden.

Palatschinkenlasagne mit Hascheefülle

2 Eier
400 ml Milch
200 g Weizenmehl
1 Prise Salz
3 EL Öl zum Backen

150 g Schalotten
30 ml Pflanzenöl
4 Knoblauchzehen
400 g Bratenreste
500 ml passierte Tomaten
etwas Zitronensalz
etwas Pfeffer aus der Mühle
1 EL Oregano
Schale von 1/2 Bio-Zitrone
50 g Butter
50 g Parmesan

Beilagenempfehlung: Stangenbohnensalat oder Grüne-Bohnen-Salat mit einer Marinade aus kaltgepresstem Öl und einem schönen Fruchtessig runden diese herzhafte Mahlzeit ab.

1 Für die Palatschinken die Eier in eine Schüssel schlagen und mit Milch, Mehl und Salz zu einem dünnflüssigen Teig anrühren.

2 In einer Pfanne das Öl erhitzen. Etwas Teig dünn eingießen und unter kreisförmigem Schwingen der Pfanne und einmaligem Wenden zu einer Palatschinke backen.

3 Restlichen Teig ebenfalls zu Palatschinken backen und diese übereinandergestapelt warm halten.

4 Für die Fülle die Schalotten fein hacken und in etwas Öl hell anschwitzen.

5 Knoblauch schälen, fein hacken, ebenfalls zugeben.

6 Das Bratenfleisch faschieren, Zwiebel-Knoblauch-Gemisch und passierte Tomaten damit vermengen.

7 Die Gewürze und die fein geriebene Zitronenschale dazugeben und würzig abschmecken.

8 Die Butter in der Bratenreine zerlassen und den Boden mit Palatschinken auslegen. Ein Viertel der Fülle darauf verteilen und den Vorgang wiederholen, bis alles verbraucht ist.

9 Schließlich mit Parmesan bestreuen und im Backofen bei 180 °C Ober- und Unterhitze 45 Minuten braten bzw. backen. Lasagne teilen und mit Tomatenstücken und Kräutern servieren.

Tipp: Wie bei jeder anderen Lasagne kann zwischen die Palatschinken auch etwas Käse-Béchamelsauce gegeben werden, was die Lasagne etwas milder schmecken lässt.

Kartoffelrolle mit Bratenfülle

600 g Kartoffeln, mehligkochend
250 g Quark
200 g Weizenmehl
2 Eier
etwas Salz
1 Prise Muskat

300 g Bratenreste
150 g Zwiebeln
30 ml Pflanzenöl
150 g Zucchini, Erbsen oder Paprikaschoten
2 Eier
Salz, Pfeffer
1 Ei zum Bestreichen
Sonnenblumenkerne

Beilagenempfehlung:
Zum Braten eine Sauce tartare oder Knoblauchsauce auf Sahnebasis servieren.

1. Kartoffeln dämpfen, bis die Schale aufspringt. Kurz überkühlen lassen, schälen und durch die Kartoffelpresse drücken.
2. Quark, Mehl, Eier, Salz und Muskat zufügen und rasch zu einem Teig verkneten.
3. Für die Fülle die Bratenreste faschieren.
4. Zwiebeln schälen, fein schneiden und in Öl hellgelb rösten.
5. Gemüse der Art entsprechend vorbereiten und mit den Bratenresten, Zwiebeln, Eiern und den Gewürzen gut vermengen.
6. Teig auf einem bemehlten Backpapier ausrollen und die Fülle darauf gleichmäßig verteilen.
7. Mit verquirltem Ei bestreichen und mit Sonnenblumenkernen bestreuen.
8. Bei 180 °C Ober- und Unterhitze 40 Minuten backen.
9. Kartoffelrolle in Stücke schneiden und servieren.

Tipp: Der Kartoffelteig kann mit etwas Spinat oder Tomatenmark auch eingefärbt werden, damit der Braten eine spannende Farbe bekommt.

Dinkeltaschen mit würziger Bratenfülle

250 g Dinkelvollkornmehl
250 g Magerquark
125 g Butter
etwas Salz

250 g Bratenreste
1 Zwiebel
50 g Butter
1/2 rote Paprikaschote
100 g Zucchini
etwas Salz
je 1 Zweig Thymian und Eberraute
1 Ei zum Bestreichen
150 g Cocktailtomaten
2 Frühlingszwiebeln

❊ Beilagenempfehlung:
Als Hauptspeise mit einem Kartoffel-Gemüse-Salat servieren. Zu einem Snack passt in diesem Fall hausgemachtes Ketchup.

Die herzhafte Bratenfülle wird in die quadratischen Teigstücke eingeschlagen.

1 Aus Dinkelmehl, Quark, Butter und Salz einen geschmeidigen Teig kneten und diesen 20 Minuten zugedeckt im Kühlschrank rasten lassen.

2 Für die Fülle die Bratenreste fein faschieren oder cuttern.

3 Zwiebel schälen, feinwürfelig schneiden und in der heißen Butter anschwitzen. Paprikaschote waschen, entkernen und in kleine Würfel schneiden, was auch mit den Zucchini gemacht wird. Beides zur Zwiebel geben und in der eigenen Flüssigkeit weichdünsten.

4 Mit Salz und Kräutern würzen und pikant abschmecken.

5 Teig auf einer bemehlten Arbeitsfläche 3 mm dünn ausrollen und in 12 cm mal 12 cm große Quadrate schneiden. Jeweils in der Mitte mit Fülle belegen und Teigtasche zu einem Dreieck zusammenfalten.

6 Die Teigränder mit einer Gabel festdrücken. Die Dreiecke auf ein mit Backpapier belegtes Backblech legen und mit Ei bestreichen.

7 Restlichen Teig zusammenkneten, erneut ausrollen und füllen.

8 Bei 180 °C Ober- und Unterhitze 15–20 Minuten goldbraun backen.

9 Mit Cocktailtomaten und kleingeschnittenen Frühlingszwiebeln garnieren. Noch heiß als Hauptspeise oder lauwarm als Snack servieren.

❊ Tipp: Die Form dieser Teigtaschen ist nicht bindend. Es können auch Kreise ausgestochen werden, die gefüllt übereinandergelegt und am Rand festgedrückt werden.

Braten-Reisfleisch mit Paprika

200 g Zwiebeln
60 g Butter
300 g Reis
600 ml Suppe (siehe Seite 19)
etwas Kräutersalz
400 g Bratenreste
150 g bunte Paprika
4 EL Tomatenmark
1 EL Petersilie
1 EL Strauchbasilikum

⁜ Beilagenempfehlung:
Jede Art von Fruchtgemüse als Salat ist für diese Speise genauso passend wie eine bunte Mischvariante.

1. Die Zwiebeln schälen und feinwürfelig schneiden.
2. Butter in der Pfanne erhitzen und Zwiebeln darin goldgelb rösten.
3. Reis zufügen und einige Minuten glasig anlaufen lassen.
4. Mit Suppe aufgießen und mit Kräutersalz salzen.
5. Reis bei niedriger Temperatur 10 Minuten dünsten.
6. Bratenreste faschieren, Paprika waschen, entkernen und in kleine Stücke schneiden.
7. Beides mit dem Tomatenmark zum Reis geben und fertig dünsten.
8. Zum Schluss die Kräuter fein schneiden, unterrühren und Reisfleisch nochmals würzig abschmecken.
9. Mit Kräutern bestreut servieren.

⁜ Tipp: Gegengleich können auch Reisreste in dieser Form mit Hackfleisch verwertet werden.

Bauernbrottoast mit Hackbraten

4 Scheiben Bauernbrot
40 g Butter
4 Scheiben Hackbraten (1,5–2 cm dick)
4 Scheiben Emmentaler
4 Eier
etwas Salz
etwas Pfeffer aus der Mühle
Peperoni, rot, nach Belieben
2 Frühlingszwiebeln

❊ **Beilagenempfehlung:** Zwiebelsenf – eine Mischung aus fein geschnittener Zwiebel mit Estragon und süßem Senf gemischt – ist für diesen würzigen Toast eine sehr charmante Abrundung.

1 Die Bauernbrotscheiben mit Butter bestreichen.

2 Scheiben vom Hackbraten darauflegen und mit Käsescheiben abdecken.

3 Im Backofen oder Toaster so lange toasten, bis der Käse schön geschmolzen ist.

4 Inzwischen aus den Eiern Spiegeleier zubereiten und mit Salz und Pfeffer aus der Mühle würzen.

5 Toast auf einen Teller legen und das Spiegelei daraufsetzen.

6 Mit feinen Peperoniringen und Ringen von den Frühlingszwiebeln bestreut servieren.

❊ **Tipp:** Bauernbrot kann weißes, gebleichtes und lange haltbares Toastbrot bestens ersetzen und sollte daher viel öfter verwendet werden.

Wildbratensülzchen

6 Blatt Gelatine
250 g Bratenreste vom Rind oder Hirsch
200 g Karotten
450 ml klare Suppe (siehe Seite 19)
100 g Erbsen
1 EL Weißweinessig
etwas Salz
etwas weißer Pfeffer
3 EL Kürbiskernöl
5 EL Weißweinessig
1 rote Zwiebel

❊ **Beilagenempfehlung:**
Als Brotgabe passt dazu sehr gut Natursauerteigbrot, aber auch eine Scheibe Nussbrot.

1 Gelatineblätter in kaltem Wasser einweichen.

2 Braten in kleine Würfel schneiden.

3 Karotten in der Suppe bissfest kochen, schälen und die Hälfte davon ebenso würfelig schneiden.

4 Erbsen für 2 Minuten in die heiße Suppe legen und wieder herausnehmen.

5 Gelatineblätter im heißen Weißweinessig auflösen und dann mit der Suppe aufgießen. Fleisch- und Gemüsewürfel dazugeben und mit Salz und Pfeffer würzig abschmecken. Etwas überkühlen lassen.

6 Die Sülzchenformen (2 Stück) mit kaltem Wasser ausspülen und zur Gänze mit Frischhaltefolie auslegen. Sülzchenmasse einfüllen und mit der überstehenden Frischhaltefolie abdecken.

7 Im Kühlschrank mindestens 3–4 Stunden stocken lassen. Danach mit der Frischhaltefolie aus der Form lösen und die Folie abziehen.

8 Sülzchen in beliebige Stücke schneiden und auf Tellern anrichten. Mit Kürbiskernöl und Weißweinessig marinieren.

9 Mit Karottenscheiben und roten Zwiebelringen bestreut servieren.

❊ **Tipp:** Eine perfekte Vorspeise, die schon am Vortag zubereitet werden kann.

Strudelpäckchen mit Braten

250 g Weizenmehl
1 EL Öl
2 EL Apfelessig
125 ml Wasser
1 TL Salz

200 g Bratenreste
100 g Zwiebeln
30 ml Pflanzenöl
150 g Weißkohl
100 g Paprika, rot oder gelb
1 TL Paprikapulver
3 EL Sojasauce
etwas Chilisalz
etwas Pfeffer aus der Mühle

750 ml Fett zum Frittieren

Beilagenempfehlung:
Strudelpäckchen als Fingerfood mit frischem Gemüse und Kräuterdip servieren.

1. Aus den Teigzutaten einen geschmeidigen Strudelteig kneten. Diesen so lange auf der Arbeitsfläche mit wenig Mehl kneten, bis die Oberfläche schön glatt ist.
2. Auf einen Desserttteller etwas Pflanzenöl geben und den Strudelteig rundum damit benetzen. Mit Frischhaltefolie abdecken und mindestens 30 Minuten rasten lassen.
3. Für die Fülle die Bratenreste faschieren oder cuttern. Zwiebeln schälen und feinwürfelig schneiden.
4. Öl in einer Pfanne erhitzen und Zwiebeln darin goldgelb rösten. Kohl fein schneiden und zu den Zwiebeln geben.
5. Zugedeckt auf kleiner Flamme 15 Minuten dünsten.
6. Paprika waschen, entkernen und in kleine Würfel schneiden. Mit den Gewürzen zum Kohl geben und gut umrühren. Wenn der Kohl bissfest ist, wird das Hackfleisch dazugegeben und die Masse gut würzig abgeschmeckt.
7. Den Teig auf einem bemehlten Strudeltuch gleichmäßig ausziehen und mit einem Teigrad in ca. 20 mal 20 cm große Quadrate schneiden. In der Mitte der Teigblätter die kalte Fülle auftragen.
8. Die obere Ecke des Teiges über die Fülle legen. Dann die Ecken von rechts und links einschlagen, schließlich Päckchen bis zur Spitze der vierten Ecke einrollen.
9. Fett in einer Pfanne erhitzen und die Strudelpäckchen goldbraun herausbacken. Auf Küchenkrepp gut abtropfen lassen und noch heiß servieren.

Tipp: Restlichen Teig wieder gut zusammenkneten und nochmals 20 Minuten zugedeckt rasten lassen. Danach kann dieser wieder ausgezogen und weiterverarbeitet werden.

Alphabetisches Rezeptregister

L

M

P

R

S

T

W

1. Auflage

Erlerstraße 10, A-6020 Innsbruck
E-Mail: loewenzahn@studienverlag.at
Internet: www.loewenzahn.at

Lektorat: Löwenzahn Verlag / Marianne Glaßer
Projektleitung: Löwenzahn Verlag / Julia Zachenhofer

Umschlag- und Buchgestaltung sowie grafische Umsetzung:
Johanna und Stefan Rasberger — www.labsal.at
Fotografien: Miguel Dieterich — www.migueldieterich.com

Bibliografische Information Der Deutschen Bibliothek
Die Deutsche Bibliothek verzeichnet diese Publikation in der Deutschen Nationalbibliografie; detaillierte bibliografische Daten sind im Internet über http://dnb.dnb.de abrufbar.

ISBN 978-3-7066-2642-2